METAFÍSICA DA SAÚDE

VOL.3

SISTEMAS
ENDÓCRINO
(incluindo Obesidade)
e MUSCULAR

© 2003 por Luiz A. Gasparetto

Direção de arte: Luiz Antonio Gasparetto
Revisão e Editoração Eletrônica: João Carlos de Pinho
Capa: Kátia Cabello

1ª edição — 10ª impressão
5.000 exemplares — novembro 2024
Tiragem total: 52.000 exemplares

Dados Internacionais de Catalogação na Publicação (CIP)
(Câmara Brasileira do Livro, SP, Brasil)

Valcapelli
Metafísica da saúde : sistema endócrino (incluindo
obesidade) e muscular / Valcapelli & Luiz Gasparetto . —
São Paulo : Centro de Estudos Vida & Consciência Editora,
2011. — (Coleção metafísica da saúde ; v. 3)

ISBN 978-85-85872-87-8

1. Corpo e mente 2. Manifestações psicológicas de
doenças 3. Metafísica 4. Músculos - Doenças - Aspectos
psicossomáticos 5. Sistema endócrino - Doenças -
Aspectos psicossomáticos
I. Gasparetto, Luiz Antônio. II. Título. III. Série.

| 11-01662 | CDD-616.08 |
| | NLM-WM090 |

Índices para catálogo sistemático:
1. Metafísica da saúde : Medicina psicossomática 616.08

Todos os direitos reservados. Nenhuma parte desta edição pode
ser utilizada ou reproduzida, por qualquer forma ou meio, seja
ele mecânico ou eletrônico, fotocópia, gravação etc., tampouco
apropriada ou estocada em sistema de banco de dados, sem a
expressa autorização da editora (Lei nº 5.988, de 14/12/1973).

Este livro adota as regras do novo acordo ortográfico (2009).

Editora Vida & Consciência
Rua das Oiticicas, 75 – Parque Jabaquara – São Paulo – SP – Brasil
CEP 04346-090
editora@vidaeconsciencia.com.br
www.vidaeconsciencia.com.br

VALCAPELLI & GASPARETTO

METAFÍSICA DA
SAÚDE

VOL.3
SISTEMAS
ENDÓCRINO
(incluindo Obesidade)
e MUSCULAR

SUMÁRIO

Apresentação...................................... 9
Metafisicamente Saudável........................... 11
Por Que Adoecemos 16

Capítulo 1 – Sistema Endócrino 23
Aspectos Energéticos Relacionados ao Sistema Endócrino .. 27
Hormônios....................................... 31
Pineal... 37
Hipófise 43
Hormônios da Hipófise 52
Tireoide 59
Nódulos ou Tumores na Tireoide 68
Bócio 71
Hipotireoidismo................................... 74
Obesidade.. 76
Gordura Localizada 83
Hipertireoidismo 91
Magreza 93
Paratireoides...................................... 94
Suprarrenais...................................... 97
Considerações Finais 105

Capítulo 2 – Sistema Muscular 111
Tônus Muscular................................... 123
Dores Musculares................................. 124
Fibromialgia...................................... 126
Cãibra... 129
Torcicolo 131
Tendinite.. 132
Músculos da Face 135
Rubor Facial...................................... 136
Musculatura Lisa 137
Peristaltismo...................................... 139
Considerações Finais 140

Bibliografia....................................... 143

APRESENTAÇÃO

Nos volumes 1 e 2 da série *Metafísica da Saúde,* você encontra uma ampla avaliação das condições internas responsáveis pelos transtornos existenciais, também apontados pela metafísica como causa das doenças que afetam o corpo. Recomendamos consultar essas obras, em especial o primeiro volume, que explica como interferimos no cenário em que vivemos e como afetamos o corpo com nossas atitudes. Consta ainda no volume 1 a metafísica aplicada aos sistemas respiratório e digestivo. O volume 2 enfoca os sistemas circulatório, urinário e reprodutor.

O presente volume 3 contém os sistemas endócrino e muscular. Vamos compreender as atitudes interiores perante as situações exteriores, devidamente expressas no sistema endócrino. No tocante ao sistema muscular, será descrita a capacidade de atuação na realidade em que vivemos e a maneira como executamos nossos objetivos.

O próximo volume constará dos sistemas nervoso, articular, ósseo e imunológico. Desse modo, encerram-se os onze sistemas do corpo humano e os órgãos associados a eles, bem como as principais doenças.

Com a obra completa, você terá um panorama metafísico da estreita relação existente entre você e seu corpo. Compreenderá, também, que a condição emocional do indivíduo se funde ao meio externo, atraindo ou repudiando algumas situações e tornando a vida agradável ou ruim. Tudo é questão de como a pessoa se sente. Isso vai determinar as situações cotidianas, bem como a saúde do corpo. O organismo humano acusa o tipo de atitude mantida em relação aos acontecimentos externos.

A série *Metafísica da Saúde* objetiva apontar quais são os fatores internos metafisicamente responsáveis pela saúde ou doença. Pode-se dizer que tudo depende da maneira como você está se sentindo. Se estiver bem consigo mesmo, encarando os acontecimentos sem maiores dramas e, na medida do possível, suprindo as necessidades, tudo caminhará dentro de uma relativa harmonia e o corpo também terá saúde.

O contrário também é verdadeiro, ou seja, quando você estiver interiormente abalado, no auge de uma crise emocional, as confusões exteriores tendem a se agravar, dificultando as soluções. Nesses momentos de grande estresse, é comum surgir algum tipo de doença, quer seja uma gripe adquirida por contágio, quer sejam as doenças desenvolvidas pelos próprios desarranjos no metabolismo do corpo, como as variações de taxas hormonais, colesterol, surgimento de nódulos, etc.

Uma crise de ordem financeira ou afetiva, por exemplo, é apontada como causa dos abalos interiores. No entanto, a origem desses fatos desagradáveis, que tanto mal têm causado, está na maneira como você vinha se sentindo antes mesmo de as complicações surgirem. Os sentimentos que antecederam os fatos ruins são apontados pela metafísica como a raiz dos problemas existenciais.

Para solucionar essas crises e resgatar a saúde do corpo, além dos cuidados físicos é importante refletir acerca das causas metafísicas das doenças. Nesta obra você encontrará subsídios para o aprimoramento interior.

Por fim, a maneira como você se considera é o princípio básico da condição interior. Estar bem consigo mesmo fará com que tudo à sua volta se mantenha harmonioso, preservando a saúde do corpo.

METAFISICAMENTE SAUDÁVEL

A condição interna e suas atitudes no meio externo são fatores essenciais para o bem-estar físico e emocional.

Para que uma pessoa seja considerada realmente saudável, não basta ela ter um bom estado corporal, é preciso sentir-se bem consigo mesma, cultivar bons pensamentos e elevados sentimentos, além de comportar-se harmoniosamente em relação às situações externas, interagindo bem com o meio em que vive.

A Organização Mundial da Saúde define a saúde como um "estado de completo bem-estar físico, mental e social e não somente ausência de doença ou enfermidade".

Os aspectos físicos, interiores e comportamentais são considerados pela metafísica da saúde fundamentalmente importantes para a saúde plena. Somente quando esses três fatores estiverem em harmonia, a pessoa estará gozando de uma saúde perfeita. Fora isso, ela até consegue manter-se bem fisicamente, mas, não raro, poderá sofrer alterações em seu quadro de saúde.

O estado emocional abalado, as frustrações e as atitudes extremistas, que visam a compensar algumas lacunas afetivas, causam prejuízos à saúde.

É muito difundida a ideia de que a saúde depende exclusivamente de uma alimentação adequada, ou, ainda, que a ingestão de quaisquer substâncias nocivas ao corpo fatalmente provocará algum tipo de doença. Essa mentalidade pode tornar as pessoas alienadas ao culto do corpo e displicentes com os outros setores existenciais, tais como a condição interna e as relações interpessoais, que, segundo a metafísica, são essenciais para a preservação da saúde corporal.

Isso não significa que devemos descuidar das necessidades orgânicas. Obviamente, o corpo precisa de cuidados e atenção, mas não é necessário privar-se de todas as delícias da vida, tampouco abrir mão de atividades prazerosas, só porque elas podem oferecer algum tipo de desconforto ao organismo. Isso comprometeria nosso apreço pela vida, diminuindo a vontade de viver.

O corpo possui uma excelente capacidade regenerativa. Ele consegue neutralizar alguns abalos sofridos, de maneira que não comprometam todo o sistema. O organismo sobrepuja alguns danos causados nele, desde que a condição interna da pessoa seja boa. Pode-se dizer que alguns hábitos considerados nocivos ao corpo são neutralizados pelo bom estado interior da pessoa e por seu excelente desempenho na vida.

Existem pessoas que são extremamente cuidadosas com o corpo e mesmo assim apresentam uma saúde instável. Por outro lado, existem aqueles que cometem até alguns exageros, mas a saúde permanece inalterada.

Isso ocorre porque o corpo não é uma máquina meramente operada pelo espírito, mas sim *um organismo vivo, que serve como uma espécie de templo da vida, para um ser espiritual. A alma é construtora e mantenedora das condições corporais*, ela projeta no organismo uma carga energética criada pelo estado emocional da pessoa. Os bloqueios e conflitos emocionais "bombardeiam" o corpo, sobrecarregando-o com vibrações negativas, provocando inúmeras doenças.

Quando a pessoa está mal, passando por crises depressivas, por exemplo, ela fica desleixada com a aparência e até com a higiene pessoal, abandona os cuidados com o corpo e não se alimenta adequadamente. Os conflitos interiores fazem com que o corpo fique à mercê do abandono, em completo desleixo, podendo assim surgir as doenças.

Já quando a pessoa está bem consigo mesma, cuida melhor do corpo, pratica hábitos saudáveis, respeita os limites do organismo e mantém o asseio corporal.

O estado emocional é um fator determinante para a saúde física.

O corpo também representa um meio pelo qual se podem alterar as condições emocionais, metafisicamente causadoras das doenças. Por meio dele é possível melhorar a autoestima e resgatar o amor-próprio.

A atenção dirigida ao corpo na tentativa de sanar um mal físico é fundamentalmente importante para restabelecer a ordem interior. Cuidar do corpo também colabora para reverter as condições emocionais, desencadeadoras das doenças físicas. Esse gesto de amor para consigo mesmo expressa a vontade de estar bem, não só fisicamente como também emocionalmente.

Pode-se dizer, resumidamente, que a doença representa a ausência dos potenciais do ser. Assim sendo, quando a pessoa começa a cuidar do corpo adoecido, tomando as providências necessárias para reaver a saúde, esse gesto representa uma forma de aproximação consigo mesma. Consequentemente, essa postura já é um passo para sanar as dificuldades internas geradoras dos males físicos.

Porém, quando a pessoa se encontra doente e se nega a cuidar da saúde, não quer procurar um médico ou abandona os tratamentos, isso demonstra a resistência dela em se transformar interiormente.

Portanto, quem se recusa a tratar da saúde do corpo não apenas é displicente para com a necessidade corporal como também resistente em mudar o padrão interior causador dos desarranjos físicos.

Para vencer uma doença é necessário superar algumas complicações interiores que metafisicamente provocam as enfermidades. Isso ocorre naturalmente enquanto a pessoa está fora de sua rotina diária, cuidando da saúde. Durante a convalescença, o doente reflete acerca daquilo que não está bem interiormente. Pode-se dizer que, quando a pessoa supera alguma doença, é que ela mudou seus valores e resolveu alguns conflitos interiores, principalmente aqueles que figuravam como causas metafísicas da doença que afetou seu corpo.

Não é possível se livrar totalmente de uma doença sem mudar a maneira de pensar e sem superar os sentimentos ruins, como a revolta, a indignação, etc.

Resolver um mal físico sem promover essas mudanças internas deixa a pessoa vulnerável a outros danos à saúde. Tanto a mesma doença pode voltar depois de algum tempo quanto outro órgão pode adoecer.

É notório que cada pessoa reage de maneira própria a um mesmo tipo de tratamento; enquanto alguns se dão bem com um remédio, por exemplo, outros apresentam poucos resultados, e até podem surgir efeitos colaterais. Tudo depende do quadro emocional do doente.

Reagir a uma doença, ao invés de se entregar a ela, é de grande valia para a recuperação. Esse, porém, não é o fator principal para resgatar a saúde. Além de seguir o tratamento médico, é fundamental que haja transformação dos padrões de comportamento causadores das enfermidades.

Tempos atrás, não havia qualquer divulgação a respeito das causas metafísicas das doenças. Mesmo nos dias de hoje, quando existem livros de metafísica da saúde e outras obras que tratam do assunto, essa literatura não atinge toda a população que sofre de alguma enfermidade. Somente uma parte das pessoas toma conhecimento do que é preciso mudar interiormente para conquistar a saúde.

Entre aqueles que tomam conhecimento dessas informações, existem os que não acreditam que os sentimentos podem afetar o corpo e por isso não se dedicam a fazer uma reflexão a respeito do que é preciso mudar interiormente para colaborar com o processo de recuperação. Preferem ficar apenas na dependência dos tratamentos, esperando passivamente que o efeito dos remédios venha a sanar as enfermidades. Em momento algum essas pessoas se dispõem a refletir no sentido de despojar-se dos sentimentos nocivos que assolam o "coração", abalando suas emoções.

O caminho de conscientização proposto pela metafísica da saúde não é a única maneira de transformar as pessoas, principalmente aquelas que se encontram afetadas por alguma enfermidade. Como vimos anteriormente, a própria doença promove as mudanças das condições emocionais que causam as enfermidades.

A convalescença permite à pessoa um tempo para ela refletir a respeito de seu desempenho na vida, avaliando, por exemplo, quanto tempo desperdiçou com injúrias ou lamentações acerca dos infortúnios que viveu. Conclusões como essas fazem com que a pessoa pare de amargar os arrependimentos, despojando-se desses sentimentos negativos que afetam o emocional e causam as doenças.

O papel da metafísica da saúde consiste em acelerar essas tomadas de consciência, dando ao enfermo maior compreensão daquilo que ele precisa reformular em seu interior. Essa consciência representa um importante recurso para autoajuda, acelerando a recuperação dos males físicos.

Metafisicamente, *a saúde expressa a preservação das qualidades do ser*. Essas são inerentes à alma e, quando cultivadas, garantem o bem-estar físico e emocional. Quando a pessoa emprega seu talento na vida cotidiana, ela move forças interiores extremamente positivas, possibilitando tanto a conquista de resultados promissores na realidade em que vive quanto a manutenção do corpo com excelente vigor físico.

Qualidades, todos possuem, a exemplo da capacidade de se comunicar verbalmente. O corpo mantém tecidos organizados na região da glote para emitir sons, possibilitando a verbalização. Aqueles que se comunicam bem, e, na medida do possível, falam aquilo que pensam ou sentem, conquistam a saúde dessa região do corpo. Já aqueles que reprimem sua expressão ficam acanhados, tímidos ou se sentem inferiores perante os outros, e por isso se calam, reprimindo sua força de expressão, comprometendo o aparelho fonador e causando algum tipo de doença da fala.

POR QUE ADOECEMOS

A doença é provocada por agentes físicos que alteram o funcionamento normal do corpo. Todas as vezes que a saúde for perturbada, é sinal de que existem elementos físicos interferindo nas atividades biológicas.

As causas orgânicas das enfermidades podem ser tanto os fatores externos que se alojam numa determinada parte do corpo, prejudicando-o, quanto as atividades do próprio organismo que se alteram, perturbando a ordem biológica; ou, ainda, alguma lesão provocada por acidente.

Portanto, não existe um estado corporal alterado sem ter havido algum fator da esfera física gerando tais alterações biológicas.

A ciência médica tem identificado cada vez mais os agentes desencadeadores das doenças e, com isso, combatido inúmeras enfermidades. A identificação dos males físicos tem sido um dos principais desafios da classe científica. Para conseguir combater, é preciso conhecer o tipo de distúrbio que o corpo apresenta. Somente a partir disso é possível prescrever um tratamento que combata o mal que aflige o corpo.

O fato de a medicina ainda não ter descoberto a origem de determinada doença não significa que não haja um processo orgânico causando tais alterações biológicas. Conforme a tecnologia se aperfeiçoa, mais ela se aproxima da cura das doenças.

A óptica metafísica aponta a condição interna da pessoa como a raiz dos males físicos. No entanto, ela não contesta a existência de agentes orgânicos ou inorgânicos presentes num organismo doente.

Mas o fato de existir determinadas condições físicas provocando as doenças não significa necessariamente que há falhas no sistema biológico, casualidade ou, mesmo, façanhas do oportunismo de vírus ou bactérias que se alojam no organismo, mas, sim, debilidade do corpo ou incapacidade de se defender dos invasores.

Segundo a óptica metafísica, as doenças refletem algumas condições emocionais desarmônicas, que são geradas pelos conflitos interiores. A verdadeira causa das enfermidades está no interior da pessoa, em sua condição psiquemocional e, principalmente, no sentimento do doente.

Esses processos interiores enfraquecem o corpo, deixando-o vulnerável às invasões ou mesmo às alterações nas funções biológicas, originando as doenças. O corpo somente é afetado por algum mal físico se existirem conflitos interiores provocando sentimentos perturbadores que vão interferir negativamente nas funções biológicas.

Para compreender um pouco melhor essa relação entre as doenças físicas e as causas metafísicas, vejamos alguns exemplos:

O corpo manifesta, por meio dos processos inflamatórios e infecciosos, as turbulências energéticas geradas pela irritabilidade ou inconformismo da pessoa. Esse estado interior surge em meio aos episódios desagradáveis que interferem negativamente em casa, no trabalho ou mesmo nos relacionamentos, comprometendo a harmonia numa dessas áreas da vida. Sem ter como evitar tais episódios, resta ao indivíduo abalado pelas interferências ficar profundamente chateado e até irritado. Esses sentimentos são nocivos ao sistema imunológico do corpo, enfraquecendo as defesas do organismo e prejudicando o combate aos invasores, que, por sua vez, se alojam nos órgãos, caracterizando as infecções.

A formação de nódulos, tumores ou cistos em determinado órgão representa as forças energéticas que se tornam negativas por estar acumuladas numa região do corpo. Esse emaranhado energético é provocado pelos conflitos interiores que surgem a partir da vontade de manifestar algo na vida, seguidos pela autossabotagem ou por crenças contrárias à expressão dos conteúdos inerentes ao ser. Desse modo, a pessoa impõe a ela mesma os bloqueios e recalques que a impedem de fluir livremente pelas diversas situações da vida, respeitando sua integridade e preservando sua orignalidade.

O principal objetivo da metafísica da saúde é identificar, no extraordinário universo emocional, a condição interna que se encontra em desarmonia, onde principiam os desarranjos fisiológicos; é oferecer ao doente a consciência das condições internas causadoras dos males físicos; é convidá-lo a uma reflexão sobre si mesmo, sugerindo que ele reavalie seus sentimentos e mude algumas crenças. Desse modo ele estará promovendo as reformulações internas necessárias para resgatar definitivamente a saúde do corpo e conquistar a paz interior e a harmonia no meio exterior.

Existem algumas queixas de sintomas desagradáveis que não estão alojados no corpo em forma de doença. Nesses casos, as pessoas não estão fisicamente doentes. Elas têm o padrão metafísico da doença, mas numa intensidade insuficiente para a somatização no corpo. Essa é uma ocasião oportuna para interferir no processo, alterando a condição emocional antes de a doença se radicar no corpo.

A metafísica da saúde propõe-se a traçar um paralelo entre os órgãos do corpo e as qualidades do ser, como se os talentos da alma representassem a fonte geradora das energias necessárias para organizar os tecidos do corpo, mantendo tanto a coesão atômica quanto a preservação das atividades biológicas, garantindo a saúde.

Dessa forma, a saúde representa a boa condição da pessoa no emprego dos conteúdos interiores no meio exterior. A vida possibilita o exercício das qualidades, que se transformam em habilidades. Ao atuar nos diversos setores da vida, como o profissional, o afetivo, etc., desenvolvem-se aptidões que facultam ao indivíduo o poder de lidar com o meio externo, aprimorando as qualidades e desenvolvendo as habilidades.

Quando as pessoas deparam com as dificuldades da vida e não conseguem administrar as adversidades, de maneira a continuarem vertentes suas aptidões no meio externo, surgem os conflitos interiores, que se agravam ao ponto de se manifestar no corpo em forma de doença.

Os tropeços da vida representam para alguns uma espécie de ferida que corrói interiormente, minando as qualidades. Por outro lado, há quem passa pelas mesmas dificuldades e não lesa o corpo, porque não se deixa abater pelos obstáculos do cotidiano; passa pelas tormentas existenciais sem ruminar as indignações e cultivar a revolta. Considera os tropeços como um caminho de amadurecimento e as desilusões com as pessoas queridas como um processo de reciclagem e seleção nos relacionamentos.

A metafísica da saúde não é um recurso empregado exclusivamente para os casos de doenças. Apesar de se basearem nelas para explanação da filosofia do bem viver, os estudos metafísicos objetivam principalmente a conscientização maior do indivíduo e a compreensão dos processos existenciais, evitando o autoabandono e tantos conflitos que surgem nas pessoas ao lidar com as adversidades da vida.

A metafísica da saúde representa um excelente recurso de autoajuda, dando às pessoas a compreensão necessária para que elas resolvam suas próprias dificuldades, harmonizando-se interiormente. Melhora a autoestima por meio da conscientização dos potenciais inerentes ao ser, despertando a autovalorização.

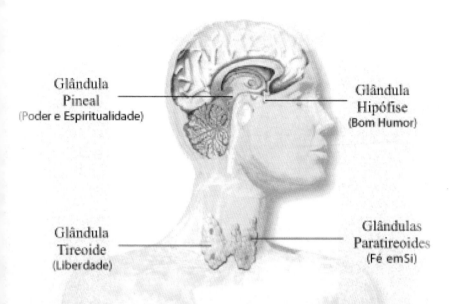

Glândula Pineal
(Poder e Espiritualidade)

Glândula Hipófise
(Bom Humor)

Glândula Tireoide
(Liberdade)

Glândulas Paratireoides
(Fé em Si)

Glândulas Suprarrenais
(Coragem)

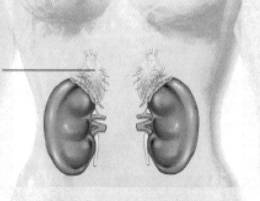

SISTEMA ENDÓCRINO
Laboratório da Alma

SISTEMA ENDÓCRINO

O sistema endócrino é composto por um grupo de tecidos cuja função é produzir e liberar na corrente sanguínea substâncias conhecidas como hormônios. Discretos, pontuais e precisos, eles agem como mensageiros bioquímicos que regulam as atividades corporais.

Por meio dos hormônios, as glândulas endócrinas desempenham um significativo papel de coordenação dos processos fisiológicos. Elas também regulam o desenvolvimento dos tecidos, controlam o crescimento corporal, determinam o ganho ou perda de peso, etc.

Em comunhão com o sistema nervoso, o sistema endócrino estabelece uma resposta orgânica para as alterações ocorridas nos meios externos. O sistema nervoso identifica os episódios ao redor, como, por exemplo, durante a percepção visual de uma ameaça, que provoca a imediata secreção de hormônios estimuladores, como a adrenalina, para responder com força e vigor à situação ameaçadora. Outro exemplo, receptores nervosos localizados na pele identificam a redução da temperatura do ambiente e imediatamente estimulam a glândula tireoide, que libera hormônios para aquecer o organismo, evitando, assim, o resfriamento corporal.

No âmbito metafísico, as glândulas endócrinas representam o princípio vital gerador do estado de ânimo. Elas formam uma espécie de sistema propulsor da vida, criando condições orgânicas adequadas para a execução de nossas vontades. Manifestam no corpo aquilo que sentimos, promovendo condições para realizarmos nossas escolhas.

Os impulsos gerados pelos pensamentos, emoções, vontades, inspirações e sentimentos estimulam as glândulas endócrinas, que, por intermédio dos hormônios, acionam os processos químicos e biológicos, estabelecendo no corpo uma condição compatível com nosso "estado de espírito".

As atitudes da pessoa em relação aos episódios da vida são as principais condições metafísicas estimuladoras e mantenedoras das atividades das glândulas endócrinas, ocasionando o equilíbrio ou a variação das taxas de hormônios.

A carga genética herdada da família torna a pessoa forte candidata a estampar certos estereótipos físicos ou desenvolver algumas doenças. No entanto, à luz da metafísica, é a condição da própria pessoa que determina seu estado corporal.

Obviamente, as afinidades existentes entre os integrantes de um povo, ou mesmo de uma família, representam fator de igualdade de padrão, reforçando as influências biológicas da genética e contribuindo para estabelecer no corpo as semelhanças físicas. A genética exerce uma significativa influência sobre o corpo humano, no entanto ela não é fator determinante da constituição biológica. O corpo é organizado pela alma que o habita. A consciência representa o modelo organizador do organismo, que, por sua vez, reflete na íntegra o estado interior de um indivíduo.

Sendo os hormônios os agentes mantenedores e organizadores biológicos, cabem às glândulas endócrinas, que são os principais órgãos responsáveis pela sua produção, o papel decisivo para a determinação do estado corporal.

A condição de cada pessoa não é determinada exatamente por aquilo que lhe acontece ou que se desenrola ao redor, mas principalmente pela forma como cada um reage a esses episódios da vida. Essa força reativa se manifesta em forma de emoção.

As emoções são as respostas aos acontecimentos exteriores. A principal fonte geradora das emoções são os sentimentos. Os episódios da vida despertam os sentimentos; imediatamente esse fluxo é organizado nos primeiros níveis da consciência, gerando as atitudes, que representam nossas escolhas de vida.

As atitudes são determinadas pelas crenças e valores que a pessoa desenvolveu ao longo da vida. Aquilo que é concebido como verdadeiro para ela passa a ser o senso que define suas escolhas. Assim, cada um procede de maneira individual em relação aos desafios da vida.

Até esse nível do processo de manifestação da consciência, a condição interna é sutil e subjetiva; mas, quando a pessoa adotar uma atitude perante os acontecimentos externos, terá definido sua conduta, estabelecendo uma postura corporal compatível com as próprias escolhas de vida.

Nesse momento entram em ação os hormônios secretados pelas glândulas endócrinas, para organizar os processos bioquímicos e acelerar o metabolismo, disponibilizando as energias necessárias para proporcionar vigor e vitalidade. A pessoa passa a sentir-se fortalecida, com mais disposição para agir no meio externo.

As atitudes adotadas pela pessoa, além de definir as ações no meio externo, metafisicamente determinam o bom funcionamento das glândulas endócrinas, que por sua vez regulam as funções corporais.

O sistema endócrino é uma espécie de laboratório bioquímico gerador das substâncias hormonais responsáveis por estabelecer no corpo aquilo que concebemos como verdadeiro ou necessário na vida. A firmeza de propósito e a persistência na concretização de nossos ideais são aspectos metafísicos importantes para o bom funcionamento das glândulas endócrinas.

Quando estamos diante dos desafios impostos pela vida e nos sentimos encorajados a superá-los, adotamos atitudes favoráveis às ações. Imediatamente o corpo é estimulado pelos hormônios, proporcionando-nos a disposição e o vigor físico necessários para o bom desempenho das atividades no meio externo.

Os mensageiros bioquímicos são incumbidos de implantar nos respectivos tecidos do corpo um estado orgânico condizente com nossa postura, possibilitando-nos uma boa atuação na vida. A criatividade fica mais aguçada, favorecendo o desvendar de alternativas até encontrar soluções. Assim sendo, contamos com um organismo preparado para nos proporcionar as melhores condições para sermos bem-sucedidos naquilo que almejamos.

Além do excelente estado corporal que nos permite um bom desempenho nas situações da vida, essa atitude também gera energias que são deslocadas para o meio externo, atraindo situações favoráveis para a realização de nossos objetivos. Assim são criadas as oportunidades que surgem na vida. Nessas atitudes estão nosso poder de atrair as coisas boas ou fazer por merecer os bons resultados alcançados.

Cabe a nós preservar a atitude responsável pelas ações no meio externo, evitando que os acontecimentos contrários enfraqueçam nossa determinação, comprometendo nossa força realizadora. Quando nos deixamos abater pelos obstáculos impostos pela vida, causamos um conflito interior, gerado pelo bloqueio no fluxo de nossa força realizadora. Além da imediata frustração causada por esse bloqueio, experimentamos a desordem interior, causando uma turbulência emocional e psicológica que nos faz perder o referencial de atuação na vida, abalando o poder realizador.

Essa desestabilização se manifesta como variação no estado de humor. A pessoa que frequentemente se encontra mal-humorada está se sentindo frágil e incapaz de ser bem--sucedida na realidade externa. Esse conflito interno interfere negativamente nas funções das glândulas endócrinas, provocando o desequilíbrio nas taxas de hormônios, consequentemente trazendo indisposição e comprometendo o desempenho da pessoa nas situações do meio.

Por sua vez, aquele que não se deixa abater pelas dificuldades encontradas durante a realização de suas atividades mantém o bom humor. A pessoa bem-humorada fica mais perspicaz para desvendar as diversas possibilidades que a vida oferece para sanar as questões turbulentas da realidade. Essa atitude influencia positivamente na liberação dos hormônios, que vão estabelecer no corpo a condição física necessária para o bom desempenho no meio externo.

Cultivar o bom humor é investir na saúde e no bem-estar.

Sentir-se bem consigo mesmo e em condições de superar os desafios e transpor os obstáculos que a vida oferece são atitudes metafísicas extremamente saudáveis para o sistema endócrino.

ASPECTOS ENERGÉTICOS RELACIONADOS AO SISTEMA ENDÓCRINO

Além das atividades físicas das glândulas, bem como dos aspectos metafísicos relacionados ao sistema endócrino, existem também os fatores energéticos cuja função é estabelecer no corpo físico as atitudes da pessoa.

Os campos de energias que agem no corpo humano são descritos há milênios pelo povo da Índia, onde recebem o nome de "chacra". Essa palavra é de origem sânscrita e significa "roda".

Os chacras são uma espécie de canais condutores da energia vital, que favorecem a preservação da saúde e do bem-estar. São aberturas dos campos de forças da aura humana. Possuem formato de cones e movimentam as energias em forma de espiral para dentro do corpo, tornando uma fonte de energia vital para o organismo.

Eles representam uma espécie de dínamo produtor de energia, que, além de proporcionar o suprimento energético necessário para o organismo, propaga energias pela aura, intensificando sua luminescência. Também distribui essas energias para o ambiente externo, influenciando as pessoas que estão ao redor.

Somos responsáveis por nossa própria condição energética e vibracional. Podemos produzir energias boas que nos envolvem, dando-nos uma sensação de bem-estar; consequentemente, induzimos as pessoas que estão à nossa volta a sentirem-se bem do nosso lado. Desse modo, contribuímos para a harmonia do ambiente.

Também podemos vibrar negativamente e assim contagiar as pessoas que nos cercam com essa onda de mau humor, tristeza, pessimismo, etc., sugerindo que todos fiquem tão desolados quanto nós.

O principal fator para determinar a frequência vibracional que vamos emitir é o sentimento. O pensamento é uma espécie de modulador da frequência energética, mas são nossos sentimentos que geram as energias boas ou ruins. A intensidade da energia emanada depende de quanto somos capazes de sentir.

O processo ocorre da seguinte forma: inicialmente pensamos em algo bom, em seguida somos invadidos por um estado agradável. A atmosfera benéfica que flui das boas lembranças gera os sentimentos positivos. A partir daí, passamos a vibrar nessa frequência, emanando energias que atraem bons resultados para nossa vida.

Quando estabelecemos determinado padrão vibratório, ao mesmo tempo em que estamos emanando energia também captamos forças provenientes de uma esfera energética que vibra na mesma frequência que nós. Pode-se dizer que *todas as pessoas que vibram numa determinada frequência comungam da mesma energia.*

Visto que os processos de emanação e captação ocorrem simultaneamente, cada pessoa conectada a uma energia torna-se um elo daquela corrente. Quanto mais pessoas estiverem conectadas a uma mesma energia, maior e mais forte se tornará aquela corrente. A energia agregada numa corrente forma uma espécie "egrégora" ou "forma-pensamento" coletiva, que se intensifica até chegar ao ponto de manifestar-se por meio de episódios que geralmente atingem a cada um que comunga da mesma energia.

Por isso, é importante selecionar melhor nossos pensamentos e cultivar bons sentimentos, para não entrarmos em sintonia com as correntes negativas, porque, ao conectar com a negatividade, obtemos um imediato prejuízo energético e contaminamos ainda mais a atmosfera com ondas nocivas. O pior disso tudo é que também ficamos expostos aos acontecimentos oriundos daquela esfera.

Lembre-se: vibrar negativamente poderá torná-lo alvo da maldade que, de alguma forma, também existe em seu "coração". Nutrir bons pensamentos e cultivar sentimentos positivos são atitudes que atrairão situações promissoras; a bondade fará parte de sua realidade de vida.

Evite pensar naquilo que o faz sentir-se mal, porque, além de se prejudicar, você estará fortalecendo a negatividade. Procure ficar no bem, cultivando bons pensamentos;

sinta que há chance de construir um mundo melhor, que a harmonia na convivência com as pessoas queridas está a seu alcance. Acredite: você vive num mundo promissor, repleto de possibilidades para alcançar seus objetivos. Vá em busca de seus ideais e não se deixe abater por alguns obstáculos do caminho.

Lembre-se de que você é uma fonte de energia, que está conectado com o universo; portanto, é capaz de atrair situações promissoras para sua vida. Para tanto, é preciso estar a favor dos próprios objetivos, procurar alguma maneira de pôr em prática aquilo que você almeja. Essa atitude atrai situações favoráveis à concretização de seus intentos. Em resumo: se você estiver do seu lado, a vida e a natureza estarão a seu favor.

Para aumentar a chance de sucesso, você conta com um corpo, que é um extraordinário "veículo da vida", capaz de adaptar-se a seu estado de espírito, dando-lhe condições para realizar aquilo que você aspira.

Sinta-se motivado, que você terá disposição física para alcançar tudo aquilo que almeja. Escolha uma diretriz de vida, que seu corpo estará preparado para conduzi-lo por aquele caminho. Basta sentir-se bem consigo mesmo e sentir-se capaz de alcançar as conquistas, que o organismo imediatamente se revigora.

Acredite ser merecedor de oportunidades na vida, que você as atrairá para si. Sua capacidade de crer move seus sentimentos, gerando as forças energéticas necessárias para tornar tudo possível.

Por fim, as glândulas endócrinas desempenham o papel de transformar as energias provenientes da alma em substâncias hormonais para o corpo, criando condições biológicas compatíveis com aquilo que sentimos.

As principais glândulas que compõem o sistema endócrino são: pineal, hipófise, tireoide, paratireoide, pâncreas, ovários ou testículos e suprarrenais. Algumas dessas glândulas foram mencionadas em outros sistemas, já publicados nos volumes anteriores desta obra, como é o caso do *Pâncreas* – Sistema Digestivo (*Volume 1*); *Ovários* – Aparelho Reprodutor Feminino (*Volume 2*); *Testículos* – Aparelho Reprodutor Masculino (*Volume 2*). As demais farão parte deste capítulo.

HORMÔNIOS
Atitudes favoráveis aos próprios objetivos.

São substâncias produzidas pelas glândulas endócrinas ou por algum tecido, que são lançadas diretamente na corrente sanguínea. Hormônio é uma palavra de origem grega, que significa "ativar", "pôr em movimento". Essa descrição corresponde às funções que ele desempenha no organismo.

O sangue conduz os hormônios aos locais de ação, órgãos e tecidos, onde eles exercem efeitos reguladores sobre os processos celulares, ativando ou inibindo as funções de uma determinada célula.

Cabe a eles o honroso papel de exercer a comunicação intercelular, sendo responsáveis pela preservação da saúde. Os hormônios agem em pequena quantidade, causando a devida reação nos tecidos especificamente programados para reagir a eles.

Eles são agentes de correlação e interação do organismo; realizam a comunicação entre as diferentes partes do corpo, mantendo a harmonia biológica. Dentre as diversas funções desempenhadas por eles, destaca-se a coordenação das atividades corporais, que envolvem o cérebro, os nervos, o coração, os pulmões, os rins, o baço, etc.

Metafisicamente, os hormônios representam as substâncias produzidas pelo organismo resultantes de nossas atitudes. São produtos biológicos resultantes da postura adotada diante dos desafios e circunstâncias do meio. São responsáveis por criar condições corporais compatíveis com o estado interior. Agem como mensageiros bioquímicos, capazes de estabelecer no corpo uma condição propícia àquilo que sentimos.

As glândulas recebem impulsos gerados pelos estados emocionais e respondem a eles, aumentando a produção de hormônios, que irão provocar as reações corporais necessárias para a realização de nossos intentos. Os estímulos biológicos causados pelos hormônios são impulsos geradores das diversas condições orgânicas.

Eles tanto podem inibir quanto estimular um tecido do corpo; depende da ação que o hormônio desencadeia naquele órgão.

O corpo é comandado pelos hormônios. Eles refletem nossas vontades, manifestando-as no organismo. Em virtude dessas ações hormonais, o corpo torna-se o veículo de expressão da alma, o qual possibilita a vida humana.

As ações dos hormônios no corpo são percebidas sob a forma de sensações viscerais. Aquilo que popularmente é chamado de "arrepio", "calafrio", "frio na barriga" geralmente é provocado pelas ações hormonais.

A secreção das substâncias hormonais ocorre sob a influência dos estados emocionais, como a lembrança de alguma situação extremamente excitante ou um impulso para realizar algo arriscado ou de que se tem muita vontade.

As emoções básicas, como o medo, a raiva, etc., geram sensações mais intensas. O medo estimula a secreção da adrenalina e de outras substâncias hormonais, que deixam o corpo hiperativo, num estado de alerta máximo. Um exemplo disso é a reação do corpo diante de um risco iminente ou quando se leva um susto. Sentimos a imediata presença da adrenalina no organismo, causando grande contração da musculatura. É como se levássemos uma espécie de choque elétrico.

Sob a influência da raiva, causamos uma alteração no processo gastrintestinal. Alguns dos sintomas facilmente percebidos quando estamos irritados são a variação do apetite, a digestão lenta, etc.

Já os sentimentos mais profundos — como o amor — e os estados elevados de consciência — como o otimismo, a boa vontade, o bom humor — promovem uma ação branda no corpo. As substâncias reguladoras biológicas, secretadas a partir desses sentimentos, agem de maneira discreta e quase imperceptível, causando uma sensação corporal agradável.

A eficácia da ação hormonal não é medida pela intensidade das sensações provocadas no organismo, mas sim pela importância das funções desempenhadas por uma substância. Não é o alarde causado pela ação da adrenalina, por exemplo, que torna esse hormônio mais eficiente para o corpo. Os sentimentos considerados nobres, como a fé, o amor, a felicidade, estimulam a produção de substâncias mediadoras bioquímicas extremamente importantes para determinar a saúde física.

A fé, quer seja numa interferência divina favorecendo o resgate da saúde, quer seja no direito que todos temos de ser saudáveis, é um estado de espírito que transmite sinais ao corpo, produzindo secreção de substâncias reguladoras dos processos biológicos, auxiliando no restabelecimento da saúde.

Pode-se dizer que a pessoa que tem fé e acredita em sua saúde promove uma química corporal responsável por inúmeros benefícios para o organismo. Por isso, é importante crer na saúde para manter-se saudável. Aquele que acredita na recuperação de uma doença que está afetando seu corpo cria condições para libertar-se do mal físico que o aflige.

Outro estado interior extremamente saudável para promover o equilíbrio das tarefas hormonais é a felicidade. Ela mantém o bem-estar físico e emocional. A qualidade de ser feliz é atribuída à maneira como a pessoa procede na vida, não necessariamente àquilo que a vida reserva para ela.

A felicidade não é algo alheio à nossa participação na vida; ao contrário, ela está intrinsecamente associada ao nosso bom desempenho na realidade em que vivemos. Ninguém consegue ser feliz se não estiver bem consigo mesmo e em harmonia com as pessoas que o cercam.

A falta de habilidade para se relacionar com os entes queridos, por exemplo, desgasta os laços afetivos, causando profundo desconforto na convivência. Num primeiro momento, achamos que a sensação de liberdade causada pelo distanciamento das pessoas que nos incomodam irá proporcionar a tão almejada felicidade. Quem pensa assim se engana. Ninguém consegue ser feliz por muito tempo rompendo relações, salvo quando os relacionamentos se tornam doentios. Acreditar que a felicidade consiste em ficar longe daqueles que o incomodam é pura ilusão. No início virá um certo alívio, mas com o passar do tempo você estará inconformado com outras coisas, indignado com alguém, sentindo-se deprimido novamente.

Não é sozinho que você vai conseguir ficar bem. Para conquistar o bem-estar é necessário sentir-se uma pessoa importante, mesmo diante daqueles que você ama, porque, se o outro é importante em sua vida, você também é uma presença valiosa na vida dele.

Para conquistar a felicidade afetiva é importante se valorizar, sentir segurança no relacionamento, ter bom desempenho na convivência, sentir-se livre para tomar alguns posicionamentos necessários para preservar a harmonia na vida a dois. Não permita que o constrangimento e o acanhamento o façam retrair-se, sufocando a espontaneidade.

Para ser feliz é importante conseguir ser você, respeitar sua natureza íntima e conquistar um espaço no meio em que vive.

A felicidade também não depende exclusivamente da conquista de bens materiais. É um grande equívoco atribuir aos pertences que o dinheiro pode proporcionar a uma pessoa a única maneira de ela ser feliz. Obviamente, ter boa condição financeira faz com que se viva bem, mas isso não significa ser feliz.

Por si sós, os objetos materiais não são suficientes para preencher uma pessoa. Tudo que existe no mundo físico faz parte da vida, mas não a representa por inteiro, tampouco proporciona a completa felicidade a alguém. Esta é determinada por uma condição interna e não pelas situações externas. A felicidade não é decorrente da condição de vida nem daquilo que uma pessoa tem para usufruir. Mais importante do que aquilo que vem de fora é o que existe dentro.

Para conquistar a felicidade é importante estar bem interiormente, gozar de boa saúde, ter harmonia no meio em que se vive e, principalmente, ser bem resolvido afetivamente.

A felicidade é um conjunto de fatores que envolve o meio social, a área profissional ou financeira, a condição pessoal e a vida afetiva. Todos esses aspectos são imprescindíveis para a felicidade de alguém. Ter um bom desempenho social, possuir boa autoestima e um elevado amor-próprio é fundamentalmente importante para ser feliz.

Cada um desses setores da vida tem um devido valor para a felicidade de uma pessoa. Para alguns, a projeção social é significativa; para outros a condição financeira conta muito; enquanto, para a grande maioria das pessoas, a vida afetiva e seus relacionamentos são de fundamental importância para a felicidade. Essa escala de valores é individual e se altera de acordo com a fase da vida. Mas nenhum desses aspectos é totalmente insignificante para o bem-estar de uma pessoa. Pode não representar uma prioridade na vida dela, mas contribui para sua felicidade.

A completa felicidade é algo praticamente impossível de ser alcançado em nosso mundo. Seria necessário viver prazerosamente todo instante, sem nenhum desconforto, gozando da mais absoluta paz e plenitude. Pode-se dizer que a felicidade plena é uma utopia.

A tão sonhada felicidade pode ser alcançada de maneira gradativa. O fato de alguém conseguir viver muitos momentos bons, atingindo estados de consciência extremamente agradáveis, resultará numa felicidade possível de ser alcançada.

Para sermos felizes, não precisamos obter os melhores resultados em todos os setores da vida, basta considerar cada passo dado na conquista de uma vida melhor e fazer dos bons resultados alcançados na vida um motivo de felicidade. Encarar com otimismo os desafios e manter o bom humor representam algumas condições internas favoráveis à conquista da felicidade.

PINEAL
Poder de ser Você.
Consciência, lucidez e espiritualidade.

A glândula pineal é uma estrutura cônica do tamanho de uma ervilha, localizada no centro do cérebro. Sua função é produzir a melatonina.

Quem marca os compromissos biológicos diurnos e noturnos é a pineal, por meio da melatonina, que é secretada somente durante a noite. Sua presença ou ausência na corrente sanguínea dispara funções cerebrais que preparam o corpo para o sono ou para a vigília. Esse hormônio também age em todo o organismo, regulando as atividades corporais e mantendo o ritmo biológico.

O corpo humano, como o da maioria dos animais, produz a melatonina em abundância na juventude. No entanto, durante a puberdade os níveis desse hormônio sofrem ligeira queda, porque ele exerce ações inibidoras nos órgãos reprodutores, que nessa fase da vida estão no auge do desenvolvimento. O fato de ele encontrar-se reduzido nesse período colabora com o processo de maturidade dos órgãos reprodutores. A partir daí, as taxas de melatonina no organismo de um jovem voltam a subir, apresentando novo declínio na velhice (entre 60 e 70 anos). Aos 60 anos, a quantidade de melatonina na corrente sanguínea corresponde praticamente à metade da apresentada na fase dos 20 anos. Por volta dos 70 anos, os níveis são muito baixos; em algumas pessoas, quase nulo.

Estudos recentes feitos pela classe científica atribuem à melatonina importantes funções no corpo, como: *atenuação da insônia*, ajudando as pessoas a dormir melhor, induzindo o sono sem causar dependência; *combate aos efeitos do "jet lag"* (alterações no relógio biológico que interferem no ritmo corporal, devidas à brusca mudança de fuso horário que ocorre, principalmente, em viagens intercontinentais); *proteção das células contra os danos provocados pelos radicais livres*, retardando o envelhecimento; *fortalecimento do sistema imunológico*, melhorando as defesas do organismo.

Muitas pesquisas estão sendo realizadas com o objetivo de utilizar a melatonina sintética, produzida em laboratório, para os casos acima. Como se trata de assuntos como longevidade, imunidade e bom sono, isso provoca nas pessoas grande expectativa por soluções para essas condições. Sendo a melatonina uma alternativa em estudo, pode despertar em alguns o desejo de usá-la precipitadamente ou sem acompanhamento médico.

Enquanto esses estudos não forem concluídos, não devemos nos aventurar na ingestão desses medicamentos. Somente um especialista da área médica está gabaritado para orientar a respeito da utilização desse hormônio.

A descoberta dessa importante substância hormonal produzida pela glândula pineal é algo recente na medicina. Até pouco tempo atrás, essa glândula não tinha uma função definida no corpo. Sabia-se que nenhuma outra glândula exercia efeito hormonal sobre ela, mas também não se atribuía a ela função biológica específica.

Antes mesmo da descoberta da melatonina e de seus importantes efeitos na coordenação dos processos fisiológicos, a glândula pineal ocupou um lugar de destaque entre os filósofos, os místicos e alguns segmentos religiosos. A ela é atribuída posição de suprema coordenação energética, e ela é um dos principais chacras do corpo.

Ao longo do tempo, a glândula pineal recebeu várias denominações, como "sede da alma", "glândula do saber" e "radar psíquico". Para os hindus ela representa o "centro de força"; já para os ocultistas, "olho de Shiva", representando o elo entre o macrocosmo e microcosmo. Em suma, essa glândula sempre foi considerada pelos místicos, filósofos e algumas religiões como uma espécie de central de comando do corpo e de conexão com o divino.

A glândula pineal também é conhecida como epífise, palavra de origem grega: "epi" significa acima, de ordem superior; "fise" origina-se da palavra "phisis", cujo significado denota natureza; portanto, a etimologia dessa palavra corresponde aos aspectos metafísicos atribuídos a essa glândula, que é a natureza do ser e estado elevado da consciência.

Metafisicamente, a glândula pineal é considerada a região do corpo onde se localiza o principal foco da consciência e da lucidez do ser humano. É uma espécie de referencial físico manifestador do "eu superior". Representa nossa capacidade de definir os objetivos e assumir uma direção na vida.

Pode-se dizer que por intermédio dela assumimos a coordenação dos diversos centros energéticos do corpo, os chacras, e consequentemente estabelecemos boas condições corporais, possibilitando a manifestação do ser na vida orgânica.

Nossas escolhas definem imediatamente uma condição corporal. O organismo prepara-se para a execução daquilo que foi assumido por nós. Caso nossa escolha seja, por exemplo, participar de uma atividade, mesmo sendo exaustiva, o corpo fornece energias suficientes para realizá-la. O organismo atende ao nosso comando por meio dos hormônios. Eles são mensageiros bioquímicos que estabelecem uma imediata condição corporal, compatível com nossas posturas interiores perante o meio externo. Cada substância desempenha uma função específica no corpo, no sentido de estabelecer um estado biológico compatível com aquilo que sentimos.

Em suma: nós decidimos, o corpo "obedece", e a vida se rende às nossas determinações.

A pineal relaciona-se com o despertar da alma que anima o corpo físico, expressando por meio dele os atributos de um ser espiritual e eterno no mundo material. A vida humana representa uma importante trajetória de ascensão espiritual.

As condições mais profundas do ser manifestam-se no corpo, mobilizando os suprimentos de energias vitais, para manter as condições biológicas em bom estado de funcionamento. O estopim manifestador dessas forças espirituais é a vontade.

A vontade é diferente do desejo; este é fruto da mente. O desejo é desencadeado por aquilo que identificamos na vida e colhemos do meio: selecionamos, comparamos e, por fim, desejamos. O objeto dos nossos desejos é sempre algo absorvido do meio externo. Você deseja viajar para certo lugar, por exemplo, porque seus amigos lá estiveram e elogiaram o passeio; isso o contagiou, fazendo-o desejar ir também para aquele local.

Já a vontade é algo que emerge espontaneamente do mais íntimo do ser. É um estado espiritual, que provoca uma reação corporal, causando estímulos viscerais.

Nem sempre nossas vontades são compatíveis com a realidade externa. Geralmente almejamos algo que não condiz com as probabilidades do ambiente. Saciar uma vontade não é uma façanha impossível, mas exige empenho e dedicação. Dificilmente as pessoas que nos cercam compartilham das mesmas vontades nossas.

Pode-se dizer que as vontades são estados próprios, que somente nós sentimos. Para tanto, ficamos imbuídos de uma grande força realizadora, ampliando a chance de sermos bem-sucedidos, favorecendo a conquista de nossos objetivos.

Caso, num certo momento, você não possa agir de acordo com suas vontades, não faltará oportunidade. Haverá o momento de você se dedicar àquilo que aspira realizar. Não espere que os outros sejam partidários da execução de suas vontades, porque somente você tem o compromisso de realizar o objeto de suas vontades, e não os outros.

Isso mostra a importância de direcionar nossa vida de acordo com os princípios internos e não de nos rendermos ao meio externo, deixando-nos abater pelos conceitos e valores adotados pela mente. É imprescindível assumirmos o poder de decisão, sermos originais, fazendo prevalecer nossos atributos internos no meio externo.

As informações colhidas do ambiente servem como norteio para nosso fluxo pela vida. Esses conteúdos formam os registros mentais, compondo o universo consciente.

Somos induzidos a crer que o modelo ideal de ser ou de proceder na vida é aquele estabelecido pelo meio em que vivemos. Com isso, perdemos o contato com nossa verdadeira essência, passando a seguir os modismos da sociedade.

Da mesma forma que colhemos do meio externo o modelo que implantamos sobre nós, também transferimos para fora aquilo que só existe interiormente, como o poder de coordenar os processos biológicos e a condição de atuar na vida de maneira majestosa para sermos bem-sucedidos nos projetos existenciais.

O bom uso do poder desenvolve as habilidades para liderança. As pessoas que conseguem se organizar na vida, harmonizar os pensamentos, despertam o carisma. Essa força contagia positivamente aqueles que estão ao redor, facultando a essas pessoas o poder da liderança.

Já aqueles que têm o poder mal resolvido, melhor dizendo, que não assumem sua própria vida, nem sequer controlam os próprios pensamentos, passam a dominar negativamente a vida dos outros. Portanto, as pessoas controladoras são aquelas que apresentam frustrações, pois não conseguem exercer poder sobre sua própria vida.

Para ajustar a manifestação do poder, é necessário assumir a si mesmo e empregar suas habilidades na realização dos próprios objetivos. Desse modo, obtém-se uma boa condição interna e, consequentemente, harmonia com o ambiente.

Quando tomamos uma atitude de comando sobre nossa vida, reorganizamos os campos energéticos e restabelecemos a saúde do corpo. Um exemplo disso ocorre quando estamos motivados e dizemos que não vamos adoecer nem podemos ficar doentes, pois temos muito o que fazer e não sobra tempo sequer para ficar doente. Nossa firmeza de decisão representa uma autoridade sobre o próprio corpo, evitando que ele adoeça. Essa ligação é estabelecida através das funções energéticas da pineal, importante glândula de coordenação dos órgãos internos, permitindo-nos implantar controle indireto sobre todo o organismo.

No âmbito metafísico, a pineal também se relaciona com o foco da consciência, onde se manifesta a lucidez, possibilitando-nos maior percepção de nós mesmos. O próprio poder exercido adequadamente promove a elevação e amplitude do estado de consciência.

Os horizontes mentais são ampliados de acordo com a riqueza de informações colhidas do ambiente. O nível de consciência é responsável por dar clareza de raciocínio e melhorar a assimilação das situações da vida. Quanto mais elevada for a consciência, melhor será a vertente de idéias, possibilitando maior compreensão dos processos existenciais.

A consciência funciona como um manifestador do ser, uma espécie de piloto que organiza as informações mentais, possibilitando o florescer dos aspectos que permaneciam na obscuridade, como uma espécie de luz que clareia, trazendo para o universo consciente as condições inerentes ao ser.

A amplitude da consciência possibilita o descortinar dos potenciais latentes na alma, tornando a pessoa mais lúcida de si mesma e com pleno domínio dos seus recursos espirituais.

HIPÓFISE
Centro da imaginação e senso de realidade.

Também chamada de glândula pituitária, a hipófise é uma massa de tecido arredondado, com cerca de 1 cm de diâmetro. Está localizada na parte central da base do crânio, na região denominada hipotálamo, e encontra-se fixada a ele por uma estrutura em forma de haste. É formada de duas partes, ou lobos, anterior e posterior, sendo completamente separadas entre si, com origens e funções diferentes.

A hipófise anterior é chamada de adenoipófise. Ela secreta hormônio de grande importância para o conjunto das glândulas endócrinas, atuando sobre o desenvolvimento e funcionamento normal do organismo. A hipófise posterior (neuroipófise) apenas armazena os hormônios produzidos pelo hipotálamo.

Os hormônios da hipófise regulam várias atividades corporais, regendo uma espécie de sinfonia biológica. Apelidada de "glândula mestra", suas funções são extremamente importantes para as demais glândulas do corpo, exceto a pineal.

Metafisicamente, a reação do indivíduo ao que acontece ao redor mobiliza os mecanismos corporais, definindo as condições orgânicas.

Mediante uma queda de temperatura, por exemplo, se ficarmos prostrados, contraímos a musculatura, causando tremor. Por outro lado, se reagirmos ao frio sem nos deixar abater por ele, daremos condições ao corpo para produzir calor, amenizando a friagem do ambiente.

Os pensamentos induzem o sentimento. Nosso ponto de vista acerca de uma situação fará sentirmos algo a respeito daquilo que se passa ao redor. Esse estado interior estimula a liberação dos hormônios reguladores do organismo, predispondo-o a uma condição compatível com aquilo que estamos sentindo.

Os sentimentos podem ser desencadeados tanto por uma questão real quanto imaginária. Desse modo, nossa mente tem capacidade de criar estados corporais de acordo com a maneira que interpretamos aquilo que nos acontece.

Quando imaginamos uma situação de perigo, por exemplo, e ficamos pensando nos detalhes daquele suposto risco, passamos a nos sentir ameaçados. Consequentemente, os níveis de adrenalina no sangue aumentam, provocando tensão muscular e inúmeros outros sintomas físicos que caracterizam um estado de alerta a um perigo que só existe em nossa imaginação.

A imaginação é baseada nos elementos que foram aprendidos em algum momento da vida. Ela é acionada por alguns fatores da realidade presente, mas seus elementos não consistem exatamente naquilo que está se processando ao redor. É uma forma de desviar nossa atenção para algo que vai além das situações momentâneas.

A falta de estímulos externos figura entre os principais fatores que provocam a imaginação. Um bom relato disso é o ditado popular "Quando o corpo para, a mente dispara". Não ter o que fazer induz-nos a criar uma série de situações imaginárias para compensar o marasmo das situações que nos rodeiam.

Passamos longo tempo prostrados, imaginando uma série de eventos, que se passam como um filme em nossa mente. Nesse caso, a imaginação puramente passiva funciona como uma espécie de distração mental. Imersos no mundo da imaginação, atuamos pouco no ambiente à nossa volta. O tempo passa e a realidade não muda, tampouco fazemos algo para alterá-la.

As imaginações infrutíferas criam mentalmente uma situação que não existe. É uma viagem que, em geral, sabota nosso poder de realização, comprometendo a capacidade de interagir com a vida material.

Existe também outro fator desencadeador da imaginação, que são as tensões e frustrações impostas pela realidade de vida. As frustrações embalam-nos ao mundo da fantasia, objetivando amenizar as aflições causadas pelos insucessos.

A tensão gerada por uma situação inusitada, como uma entrevista de emprego, só é amenizada pela imaginação, que distrai a pessoa com diversas suposições. A pessoa imagina, por exemplo, ser recebida ou entrevistada por alguém conhecido; quem sabe até lá esteja um colega de faculdade, ocupando uma posição de destaque naquela empresa. Suposições como essas deixam a pessoa mais relaxada e predisposta a ser bem-sucedida na entrevista. Esse é um modelo do bom uso da imaginação.

Seguindo o exemplo anterior, se a pessoa ficar imaginando que irão exigir muito dela, que já foram entrevistados outros mais bem preparados que ela para ocupar aquela vaga, reduzindo sua chance de contratação, isso irá provocar medo, desânimo, aumentando a chance de fracassar. Esses são casos típicos do mau uso da imaginação.

Como vimos, a imaginação pode ser positiva ou negativa, dependendo da maneira como cada um costuma usá-la. Se for bem dirigida, irá amenizar as aflições e suavizar os estados apreensivos; o mau uso piora o nervosismo, agravando as preocupações.

Imaginar situações ruins é mais comum, visto que a mente é extremamente influenciada pela negatividade. Os acontecimentos ruins causam maior impressão sobre ela do que os eventos bons. Por isso, temos a tendência de imaginar sempre o pior.

No âmbito energético, a hipófise desempenha funções semelhantes a uma estação transformadora das energias captadas do ambiente, que são mescladas com os conteúdos internos e submetidas à avaliação do ser. Esta última função equivale à atuação energética da pineal.

Enquanto a glândula pineal tem função semelhante a uma espécie de antena que capta as energias provenientes da própria alma, a hipófise mescla essa força interior com as influências do meio externo.

Metafisicamente, a função da hipófise consiste numa espécie de gerenciamento das forças internas do ser com as condições do meio externo, basicamente permitindo nossa existência no mundo físico. O universo consciente representa o reduto de ação dessa glândula; ela se utiliza de nossos atributos interiores, como a imaginação, as crenças e os valores que irão formar uma espécie de força motriz para as funções da hipófise.

Quando vamos realizar algo na vida, esse impulso parte de nós, em direção ao ambiente. Originariamente, essa vontade representa uma condição soberana do ser, porém ela será submetida a uma espécie de avaliação por parte de nossos registros mentais, que são compostos por aquilo que já vivenciamos ou aprendemos com as experiências da vida, estabelecendo as crenças que impedirão a manifestação das vontades.

Os valores internos regem nossa condição emocional, plasmando no corpo tudo aquilo em que acreditamos. Esse processo não se limita ao corpo, estendendo-se também ao ambiente.

À medida que adotamos uma postura na vida, emanamos forças energéticas no sentido de atrair para nós aquilo que foi estabelecido como verdadeiro. Essa condição interna mobiliza o poder de atração, estabelecendo à nossa volta situações compatíveis com aquilo em que acreditamos.

Nesse sentido, a hipófise representa uma espécie de centro de força, capaz de plasmar no meio externo os conteúdos interiores, e aquilo que imaginamos com frequência poderá se tornar uma realidade concreta.

A realidade na qual vivemos é composta por aquilo em que acreditamos e é cercada por elementos que negamos existir em nosso interior. Aquilo que é rejeitado por nós será transferido para o ambiente, proporcionando um contato inevitável com aquelas situações que não foram trabalhadas interiormente, simplesmente desprezadas.

Isso ocorre porque tentamos seguir um modelo de vida que não corresponde à nossa natureza íntima. Entretanto, insistimos em manter uma condição que não é compatível com nossos reais sentimentos, gerando um conflito interior entre aquilo que sentimos e aquilo que queremos. Esse conflito também é transferido para fora, contagiando negativamente a realidade em que vivemos, fazendo surgir uma série de situações desagradáveis para serem normalizadas por nós.

Paralelo à atuação no meio externo, ocorre uma transformação no mundo interno. Enquanto resolvemos as complicações existenciais, apaziguamos as turbulências emocionais geradas pela desarmonia interior.

Para compreender melhor esse processo, tomemos como exemplo nossa necessidade de provar aos outros que somos uma boa pessoa. Passamos a fazer tudo que nos pedem, mesmo que esses favores nos agridam.

Preocupar-se demasiadamente com os outros nos faz ser negligentes para com nossas próprias necessidades. Esses impulsos de negação sufocados podem manifestar-se em forma de temor pela violência.

Tal comportamento atrai as situações de risco, pois a violência, que não admitimos existir em nós, revela-se no meio em que vivemos. Assim sendo, a realidade de cada um é fruto daquilo que foi cultivado em seu interior.

Para alterarmos alguns fatores desagradáveis de nossa existência, não adianta fugir deles, acionando os mecanismos imaginários, mas sim encará-los de frente.

A transformação interior caminha com a realização no meio exterior. À medida que atuamos na vida, desenvolvemos nossos atributos e nos aprimoramos.

Não dar tanta importância às situações desagradáveis representa um excelente recurso para superar os conflitos existenciais. É bom não fugir, tampouco atolar na confusão, porque isso tumultuaria ainda mais as coisas, agravando as situações nocivas.

Evite ficar ruminando mentalmente as situações que não lhe fazem bem, porque isso canaliza as energias, potencializando o que é ruim. Não se ater à negatividade representa uma atitude preventiva, no sentido de evitar ser afetado por tais episódios.

Por outro lado, o desejo excessivo pelos bons resultados interfere negativamente na realidade, dificultando o acesso àquilo que é agradável. Ficar extremamente ansioso pela ordem e harmonia dificultará a implantação dessa condição existencial. Naturalmente, tudo se estabiliza e a ordem sempre reina; basta ser atuante na realidade e determinado àquilo que se propõe fazer, que, com o tempo, tudo irá se normalizar, reinando a paz e a harmonia na vida.

Para melhorar a condição de vida, você precisa aprimorar a atuação na realidade e não exagerar nem ser omisso aos desafios que a vida oferece. Além disso, precisa viver com qualidade e grande intensidade.

O bom humor é um estado interior extremamente saudável para o bem viver, influenciando positivamente as funções da hipófise. Ser bem-humorado é imaginar sempre perspectivas favoráveis para a solução das complicações externas.

Isso evitará que você implante em seu interior as turbulências existentes no meio exterior. Não se deixe contagiar pela negatividade; ela planta em você o pessimismo. Cultive a paz profunda, permanecendo inabalável na certeza dos bons resultados.

Até aqui compreendemos a importância da condição interna como fator determinante para o bem-estar geral. Mas as condições do meio, além de refletir nosso estado interior, também nos influenciam. Isso ocorre em nível emocional e até físico.

Prova disso é a extraordinária capacidade fisiológica de adaptação ao ambiente, adequando-se às diferentes condições do meio. As situações externas contagiam-nos, despertando nossos conteúdos internos, que são fatores determinantes sobre o estado corporal, causando desde uma simples variação hormonal até algumas características estéticas e fisiológicas estampadas no corpo por meio de vários processos orgânicos.

Metafisicamente, a carga genética não é o único fator responsável pelas características do corpo. Há dois aspectos relativamente importantes na vida em grupo. Um deles é o contato visual com os traços fisionômicos; o outro é adotar semelhantes atitudes. Isso influencia não somente no estereótipo mas também na formação corporal, como a própria fisionomia.

Um exemplo disso é o dos filhos adotivos. Eles não trazem a mesma carga genética da família que o adotou, mas geralmente apresentam algumas semelhanças físicas. A constante convivência, bem como a adequação aos costumes daquela família, os faz ter praticamente as mesmas condutas, desenvolvendo um estereótipo parecido. Consequentemente, adquirem características corporais semelhantes às daqueles que os cercam.

Isso acontece também entre alguns casais. Depois de muita convivência e devido à grande afinidade entre eles, tornam-se fisicamente parecidos, sem ter nenhuma influência genética.

Portanto, segundo a metafísica, as semelhanças fisiológicas refletem as mesmas atitudes adotadas pelas pessoas. Por isso, quando não há afinidade entre as pessoas da família, nem os traços fisionômicos são parecidos.

Isso fica evidente na família em que dois irmãos, por exemplo, têm o mesmo costume de se colocar numa conversa e igual desembaraço diante de estranhos. Eles agem de maneira semelhante, e em consequência a fisionomia é parecida, como os traços do nariz, por exemplo. Já outros membros da família têm o mesmo jeito de identificar o que acontece ao redor, enxergam as coisas de forma muito parecida; por conta disso, eles têm a mesma cor de olhos.

Assim portanto, criar os filhos num ambiente organizado, cercado de belezas, como objetos de arte, representa uma influência positiva não somente para a formação emocional mas também para a constituição corporal deles. Isso, porém, não é tudo. O principal é ensiná-los a proceder de maneira harmoniosa na vida, porque essa conduta irá torná-los, além de belos, pessoas bem-sucedidas.

Uma importante parte já foi feita: estendemos aos filhos a nossa genética. Fisiologicamente, eles receberam aquilo que temos de melhor. Falta transferir-lhes os conteúdos emocionais que irão contribuir no desenvolvimento interior, promovendo o amor-próprio, elevando a autoestima, inibindo o egocentrismo, afugentando os medos e amenizando a ansiedade.

Esses objetivos são alcançados por meio da educação. Vamos criá-los dando a eles uma boa formação emocional, cultivando as ações voltadas para o bem, fortalecendo neles as condutas que expressem dignidade e respeito a si mesmos e aos outros, porque quem se respeita considera o próximo e consequentemente é respeitado.

Feito isso, cumprimos nossa parte. Quando adultos, eles irão fazer suas próprias escolhas, e exatamente aí serão determinados os caminhos da vida que vão seguir. O que poderíamos ter feito, já fizemos. Seja o que for, foi o melhor que tínhamos a dar na época. Com a maturidade, cada um determina seu próprio destino, bem como as condições do corpo. Somos os únicos responsáveis pelo estilo de vida, que representa a maior conquista da existência.

O princípio básico de qualquer mudança consiste numa atuação diferenciada na realidade. Transformar as situações desagradáveis é o objetivo de todos nós, porém nem sempre estamos dispostos a lançar mão de alguns caprichos ou abandonar a ociosidade para progredir.

Em síntese, queremos continuar sendo exatamente iguais, esperando que tudo melhore. Para justificar a indisposição às mudanças, atribuímos nossos infortúnios aos outros, colocando-nos como vítimas da formação que recebemos ou da triste realidade que nos assolou.

Lamentavelmente, existem situações ruins que na verdade são obstáculos a serem superados. Para tanto, é necessário muita força, determinação e, principalmente, maturidade e responsabilidade.

Não se deixar abater pelos desafios e assumir uma conduta diferenciada são medidas essenciais para alterar o curso da vida. Tudo é possível para aquele que fizer sua parte e promover as mudanças necessárias para o sucesso e realização pessoais.

HORMÔNIOS DA HIPÓFISE
Atitude bem-humorada.

Vamos conhecer agora alguns dos principais hormônios produzidos pela hipófise. Por meio deles podemos desvendar algumas atitudes interiores metafisicamente responsáveis por preservar as taxas desses hormônios dentro dos limites de normalidade e também as variações de comportamento que interferem negativamente na produção e secreção dos hormônios da hipófise.

Os hormônios produzidos pelo lobo anterior da hipófise (adenoipófise) são: hormônio de crescimento humano (hGH), estimulante da glândula tireoide (TSH), prolactina (PRL), folículo-estimulante (FSH), luteinizante (LH), adenocorticotrópico (ACTH), melanócito-estimulante (MSH).

Os hormônios armazenados e liberados pelo lobo posterior da hipófise (neuroipófise) são a ocitocina (OT) e o hormônio antidiurético (ADH).

Vejamos agora os aspectos físicos e metafísicos relacionados a cada um deles, como segue:

Hormônio do **crescimento** (hGH). Controla o crescimento geral das células do corpo, age no esqueleto e nos músculos para aumentar a taxa de crescimento. Atinge o máximo de sua produção no pico de crescimento, que acontece na fase da adolescência. Ocorrido esse pico, influenciada por fatores genéticos, estará caracterizada a estatura da pessoa. Após esse período, esse hormônio continua agindo no corpo em níveis significativamente menores, mas sua presença na corrente sanguínea é necessária para regular o metabolismo de algumas substâncias do corpo.

No âmbito metafísico, o hormônio do crescimento refere-se ao *temperamento* e ao *dinamismo*. Quanto maior o dinamismo da pessoa, reduz-se sensivelmente o volume desse hormônio, exercendo discreta influência na estatura corporal, caracterizando menor crescimento.

Pode-se dizer, resumidamente, que as pessoas mais ágeis são aquelas de menor estatura dentro da família. Se por um lado o temperamento mais agitado dificulta o crescimento, por outro desenvolve a capacidade realizadora, tornando a pessoa mais hábil para gerir recursos próprios para a execução de seus intentos.

O temperamento mais exaltado também é propenso a desenvolver os quadros de ansiedade e irritabilidade. Essa condição é comum nas pessoas de menor estatura.

Fisiologicamente não se faz um acompanhamento frequente dos níveis do hormônio do crescimento no corpo. Se pudéssemos acompanhá-los, isso revelaria características emocionais, como o dinamismo que a pessoa apresenta numa fase da vida, que é sujeito a variar de acordo com as experiências vivenciadas.

Enquanto algumas situações deixam a pessoa mais excitada, outras a desanimam. Isso interfere sensivelmente nas taxas desse hormônio. Essas variações não são identificadas no corpo por exames de laboratório, nem seria necessário estar acompanhando tão de perto esse quadro orgânico. Visto que esse hormônio também regula o metabolismo do corpo, a variação do temperamento da pessoa fica evidente pela disposição física. Quanto mais dinâmica a pessoa for, maior a disposição física que ela apresenta.

O mesmo ocorre com a estatura corporal: as pessoas mais altas da família possuem temperamento moderado, agem de maneira comedida e frequentemente são complacentes para com os familiares e amigos.

Geralmente elas conseguem lidar com situações difíceis, mantendo a ponderação e relativa serenidade. Não são exaltadas. Raramente se desesperam ou perdem o bom senso. Estão sempre em busca de alternativas que não exijam tanto desgaste para superar os obstáculos, poupando-se de preocupações desnecessárias.

O grande desafio das pessoas com estatura mais alta é manterem-se ativas, não se entregarem ao marasmo nem se prostrarem, deixando de participar ativamente da realidade em que vivem.

A **prolactina** (PRL) representa outra importante substância hormonal produzida pela hipófise. Juntamente com outros hormônios, ela inicia e mantém a produção de leite pelas glândulas mamárias. Nas mulheres, a produção excessiva desse hormônio causa ausência dos ciclos menstruais.

Metafisicamente, o senso de família que a pessoa carrega consigo mesma é um fator interno determinante para o equilíbrio da prolactina no corpo.

Taxas adequadas de prolactina refletem a condição emocional no que diz respeito à *vida afetiva e familiar* da mulher, cujo empenho e dedicação para com seus familiares ocorram, na medida do possível, dentro da normalidade.

Níveis adequados desse hormônio no organismo feminino caracterizam uma boa condição das mulheres que se empenham em prol dos entes queridos, mas sem exageros. Essas mulheres colaboram sempre que possível naquilo que for necessário, mas não permitem abuso ou exagero de solicitações por parte daqueles que as cercam. Sabem se impor, estabelecendo os limites necessários para uma convivência saudável. Respeitam a liberdade de todos da família e também são respeitadas, mantendo espaço próprio para a realização daquilo que diz respeito somente a si mesmas.

O mesmo não ocorre com as mulheres que apresentam elevadas taxas de prolactina. Elas tomam para si a incumbência de garantir o sucesso familiar. São pessoas que se empenham demasiadamente para alcançar a harmonia entre os entes queridos. Assumem a tarefa de garantir o bem-estar de todos à custa de qualquer sacrifício. Não medem esforços para satisfazer os entes queridos.

Geralmente são mulheres que tiveram a harmonia familiar prejudicada por desavenças ou separações. Isso lhes causou profundos abalos emocionais. Atualmente, ainda afetadas pelos desacertos que vivenciaram, extrapolam seus limites, empenhando-se por todos de seu convívio de forma acirrada e sem trégua, em prol da paz e harmonia da família. Fazem isso porque temem sofrer mais decepções familiares, visto que ainda não se recuperaram dos traumas afetivos que viveram no passado.

A atitude metafísica saudável, para manter equilibrados os níveis de prolactina no corpo, é aquela em que a mulher se desprende das dificuldades familiares ou afetivas vividas no passado. Supera seus bloqueios afetivos, integrando-se harmoniosamente com os familiares. Não assume uma conduta de heroína do lar, atribuindo a si todas as incumbências pertinentes ao meio. Delega aos outros a parte que cabe a eles, ficando apenas com o que lhe diz respeito. Agindo assim, fica bem consigo mesma, gozando de uma verdadeira harmonia em família.

O hormônio **estimulante da tireoide** (TSH) estimula a produção e a secreção de hormônios da glândula tireoide, controlando seu funcionamento. Os próprios hormônios da tireoide exercem efeitos inibidores sobre a hipófise, reduzindo a secreção do hormônio TSH. Assim, suas taxas estarão elevadas se níveis de hormônios da tireoide forem baixos, e vice-versa.

No âmbito metafísico, o TSH representa nossa *atitude realizadora*. Quando nos posicionamos de maneira favorável à realização de nossos objetivos, sentindo-nos em condições de conquistar aquilo que almejamos, mantemos estáveis os níveis desse hormônio e, consequentemente, garantimos o bom funcionamento da tireoide.

O equilíbrio dessas taxas corresponde a uma atitude ponderada, cujo planejamento caminha lado a lado com a execução. A pessoa se prepara e realiza aquilo que determinou.

Taxas elevadas desse hormônio correspondem à condição interior de autocobrança. A pessoa cria muita expectativa sobre si mesma, acerca de seu desempenho nas situações da vida. Quer realizar mais do que pode, planeja executar feitos que vão além de seus limites, desejando fazer aquilo para o qual ainda não está preparada. Em suma, pensa muito e faz pouco. Prepara-se demasiadamente antes de executar qualquer tarefa.

Os baixos níveis referem-se a uma atitude retraída da pessoa em relação aos desafios existenciais, limitando a capacidade realizadora. Ela até tenta fazer alguma coisa, mas não se sente em condições de ser bem-sucedida naquilo que almeja. Por essa falta de preparo interior, exacerba nas atividades, fazendo muito e planejando pouco.

Quanto aos demais hormônios, mencionaremos resumidamente as funções físicas e as causas metafísicas relacionadas a eles, porque a condição interna se encontra amplamente desenvolvida nos capítulos dos respectivos órgãos onde os hormônios agem*.

O hormônio **folículo-estimulante** (FSH) no homem age nos testículos, estimulando a produção de espermatozóides; na mulher, estimula a ovulação e a secreção de estrógeno pelos ovários.

Também o hormônio **luteinizante** (LH) age nos mesmos órgãos masculino e feminino, estimulando no homem a produção do hormônio testosterona, realizada nos testículos; e, nas mulheres estimula a secreção de estrógeno e de progesterona, pelos ovários, favorecendo também a ovulação.

Metafisicamente, esses dois hormônios se referem à *atitude criativa* da pessoa, buscando soluções para as situações adversas da vida.

O hormônio **adenocorticotrópico** (ACTH) estimula o córtex suprarrenal a secretar seus hormônios. No âmbito metafísico, refere-se a uma atitude integrada com a realidade em que a pessoa vive. Ela sente-se *preparada para agir* nas situações cotidianas numa condição de igualdade perante os outros e sentindo-se acolhida e aceita por todos, inclusive por si mesma, ou seja, tem boa autoaceitação.

---

*Para compreender melhor as condições internas relacionadas a uma eventual variação nas taxas desses hormônios, consulte os órgãos correspondentes, que se encontram descritos neste ou em outro volume da série *Metafísica da Saúde*.

O papel exato do hormônio **melanócito-estimulante** (MSH) no organismo humano ainda é desconhecido. Sabe--se, até o momento, que níveis elevados desse hormônio produzem um escurecimento da pele. Já a ausência desse hormônio na corrente sanguínea pode deixar a pele pálida.

Metafisicamente, esse hormônio está relacionado com a *intensidade de atuação* da pessoa no meio em que ela vive. Quanto mais empenhada, maior a pigmentação da pele.

A **ocitocina** (OT) é um hormônio que estimula a contração do útero, agindo principalmente no trabalho de parto. A ocitocina também estimula a ejeção do leite materno durante o período de amamentação.

Metafisicamente, esse hormônio se refere à capacidade da pessoa de *lançar-se no meio, preservando a maneira de ser* e respeitando seus limites.

A principal atividade fisiológica do hormônio **antidiurético** (ADH) é seu efeito no volume de urina. Ele age nos rins, removendo a água do fluido que constituirá a urina, reabsorvendo-a para a corrente sanguínea, diminuindo o volume de urina. O ADH pode também promover a vasoconstrição das artérias, provocando o aumento da pressão sanguínea; por essa razão, o hormônio antidiurético também é chamado de vasopressina.

Metafisicamente, esse hormônio se refere à prudência da pessoa diante das situações do relacionamento. Não se deixe dominar pelos impulsos que podem causar prejuízos à vida afetiva, tais como ser tomado por uma comoção e ceder aos caprichos da pessoa amada, ou, mesmo, ser movido por impulsos e lançar fortes críticas, ofendendo aqueles que você quer bem. É importante *reconhecer o momento oportuno para manifestar o sentimento*.

Não viva bitolado no relacionamento, pois a vida não se resume aos laços afetivos. O campo profissional e o meio social fazem parte do processo existencial. Essas áreas da vida não podem ser abandonadas, tampouco usadas para aliviar as frustrações afetivas. Muitos se dedicam exageradamente ao trabalho para fugir dos conflitos familiares. Essa atitude poderá até proporcionar avanços na profissão, mas distancia a pessoa das soluções de suas crises no relacionamento, impedindo-a de conquistar a felicidade.

TIREOIDE
Liberdade de ser como você é.

A tireoide é composta de dois lobos e está localizada junto à laringe, na região do pescoço. Ela exerce importante atividade reguladora do organismo. Variações mínimas na produção dos hormônios tireoideos resultarão em significativas alterações no consumo de oxigênio, no metabolismo do colesterol e nas funções cerebrais, cardíacas e dos vasos sanguíneos.

Eles regulam o metabolismo estimulando a síntese da proteína, aumentam a queima das gorduras, a excreção do colesterol e o uso da glicose para a produção de energia por parte das células do corpo. Em combinação com outras substâncias, esses hormônios aceleram o crescimento corporal, em especial o crescimento do tecido nervoso. Também regulam a atividade do sistema nervoso.

A tireoide está em constante estado de adaptação às condições fisiológicas. Sob certas circunstâncias, como ambientes frios, altas altitudes, gravidez, etc., ocorre o aumento da necessidade energética do corpo; nesses casos, as taxas de hormônios são elevadas, para atender à demanda de energia.

Do ponto de vista fisiológico, a tireoide é um dos órgãos mais sensíveis, respondendo a vários estímulos do próprio organismo e também do ambiente.

No âmbito metafísico, essa glândula reflete os estímulos emocionais, estabelecendo no corpo uma condição propícia ao estado interior. Ela manifesta a capacidade que temos de mobilizar nossos recursos para alcançar aquilo que almejamos na vida.

Ser bem-sucedido no meio em que vivemos é um objetivo comum a todos. Cada um vai traçar sua estratégia para essa finalidade. Isso irá determinar o caminho a seguir.

O curso de nossa existência vai se desenrolando naturalmente. À medida que vamos nos envolvendo com as situações corriqueiras e priorizando aquilo que corresponde a nossos interesses, vamos definindo a própria trajetória de vida. Gradativamente, a realidade vai tomando um formato compatível com nossas aspirações.

A própria vida se incumbe de nos direcionar para aquilo que nos apraz. Por isso, viver centrado no presente é um caminho para a conquista de novos objetivos. Os elementos necessários para sermos bem-sucedidos estão muito próximos de nós, compondo as situações que nos envolvem. Por isso, para alcançar as realizações e obter sucesso, precisamos nos integrar com o meio em que vivemos.

Vale lembrar que as situações cotidianas exigem o mesmo empenho e criatividade que os grandes feitos na vida. Portanto, dedicar-se aos episódios considerados meramente triviais promove o aprimoramento interior, desenvolvendo a astúcia e a determinação, qualidades imprescindíveis para a realização dos grandes feitos. As melhores conquistas são aquelas obtidas por meio da atuação precisa no ambiente. Desse modo, anulamos as confusões existentes e amadurecemos interiormente.

Mudar sem conflito requer uma participação ativa na realidade. Não devemos exagerar nas ações, tampouco nos omitir, porque os exageros ocorrem por causa da necessidade de compensar as lacunas afetivas.

Ser movido pelos desejos ardentes compromete o fluxo natural da vida. Ambicionar resultados imediatos é uma das principais causas do fracasso. O princípio básico de qualquer conquista consiste em saber lidar com o elemento *tempo*. Tudo tem um momento oportuno para acontecer.

Precipitar certos acontecimentos poderá comprometer a qualidade da experiência, ou, ainda, implicar a imaturidade para lidar com aquilo que adquirimos, comprometendo nosso bom desempenho na vida. Toda vez que tentamos forçar uma situação, podemos atrapalhar a ordem natural do processo e nos distanciar das reais soluções. Também não devemos resistir ao novo, porque isso implicaria o afastamento daquilo que almejamos.

Não há necessidade de romper subitamente com tudo que nos cerca para alcançar aquilo que pretendemos. O radicalismo não é a única maneira de promover mudanças. Ao contrário, ele impede o desenvolvimento de certas habilidades imprescindíveis para fazer bom uso daquilo que alcançamos.

O melhor preparo para lidar com as situações existenciais é obtido durante o período de conquista. Pode-se dizer que o tempo necessário para uma pessoa alcançar seus objetivos é relativamente o mesmo que ela precisa para responder com maturidade, dominando aquilo que existe ao redor.

Há também outro aspecto metafísico relacionado com a tireoide: ela representa uma espécie de agente orgânico mediador entre o indivíduo e o ambiente, integrando o mundo interno ao meio externo. O estado emocional desempenha importante papel naquilo que realizamos no meio.

O bom humor, por exemplo, proporciona a disposição física necessária para alcançar nossos objetivos. Quanto melhor for nosso estado interior, maior será nosso desempenho no meio exterior, aumentando as chances de sermos bem-sucedidos. Nossas vontades criam os impulsos vitais que acionam as forças interiores, desenvolvendo as aptidões para o sucesso.

A astúcia e a determinação são qualidades inerentes ao ser. Imbuídos de um firme propósito, acionamos essas forças interiores para alcançar os objetivos. Enquanto estamos elaborando uma estratégia, simultaneamente vamos nos motivando às ações. Impulsos psíquicos criam forças que percorrem o sistema nervoso, contraindo a musculatura e predispondo o corpo para agir.

Em síntese, a astúcia mobiliza as qualidades mentais para criar um plano de ação; já a determinação desperta as condições corporais para executar aquilo que foi programado. Ao assumir um posicionamento na vida e manter-nos firmes naquele propósito, passamos a ter o vigor físico necessário para conquistar os objetivos. Para tanto, é necessário que estejamos em harmonia interior, obtida por meio do equilíbrio entre o que sentimos e o modo como agimos, visto que nossos conflitos nos enfraquecem, sabotando a força realizadora. A aceitação das vontades próprias, pertinentes a nossas aspirações e sentimentos, é fundamentalmente importante para mover os recursos no meio exterior. No entanto, as pessoas que têm vontade mas não se sentem no direito de ir em busca de seus objetivos frustram-se, sufocando os anseios.

A comunicação e a expressão corporal são fatores metafísicos relacionados à glândula tireoide. Expressar-se bem e dedicar-se à realização dos objetivos são atitudes que representam um fator determinante para a saúde dessa glândula.

Para se obter sucesso na vida é preciso reconhecer o campo de atuação e observar os acontecimentos, porque eles enriquecem a experiência pessoal, favorecendo na maneira de proceder na realidade. Saber ouvir é uma qualidade que amplia as chances de sucesso.

Geralmente o meio não corresponde de imediato àquilo que pretendemos alcançar. Por isso é necessário abrir-se para receber opiniões, acatar as sugestões dos outros, encontrando um ponto de equilíbrio entre você e o ambiente. Ter bom discernimento entre os próprios anseios e as possibilidades que a vida oferece contribuirá para estabelecer melhores condições existenciais.

Por fim, tanto a verbalização e a realização daquilo que sentimos quanto o acatamento dos conteúdos exteriores são fatores metafísicos relacionados com a tireoide.

A saúde da tireoide depende de nossa liberdade de ação e da descontração necessária para planejar um meio de executar os objetivos, dando vazão à criatividade e à originalidade. Somente assim podemos alcançar resultados promissores na vida.

A liberdade é uma condição interior. Ela não depende exclusivamente dos fatores externos, mas também da capacidade de expor os pontos de vista, realizar aquilo de que temos vontade e usar o direito de escolha, permitindo-nos a qualquer instante mudar o curso de nossa vida em busca de algo melhor. Todos somos livres para escolher aquilo que melhor nos convém. Ninguém tira nossa liberdade, somos nós que nos aprisionamos às pessoas ou situações.

É comum ouvir as pessoas dizerem "Isto está me pegando", demonstrando-se preocupadas com algo que não faz parte daquilo que estão vivendo no presente ou naquele instante.

Nesse caso, são elas que estão apegadas ao fato ou a alguém. Portanto, nada nem ninguém tem poder suficiente para dominar nossos pensamentos, mantendo-nos ligados a uma situação; somos nós que não conseguimos nos libertar.

Podemos ser plenos naquilo que realizamos sem ficar desviando a atenção para mais nada. Desse modo teremos bom desempenho e alcançaremos melhores resultados.

Quando algo não anda bem, é preciso ter o desprendimento necessário para se renovar, experimentar as opções que a vida oferece e determinar novas direções para nossa existência. Para conquistar isso, precisamos abandonar os condicionamentos, ser menos criteriosos e não valorizar tanto aquilo que não deu certo; procurar a todo instante ser quem verdadeiramente somos, e não exatamente aquilo em que nos tornamos, com os papéis sociais que assumimos; resgatar a essência e liberar as vontades, para sair em busca das possibilidades de uma vida melhor.

Abandonar os métodos e conceitos adquiridos pode ser um significativo passo para o bem-estar. Também é preciso parar de viver num mundo de sonhos e fantasias, tornando-nos mais atuantes na realidade.

Ser livre não significa adotar medidas radicais e inconsequentes. Muitas vezes ficamos tão saturados com as situações que nos rodeiam, que num primeiro momento queremos romper com tudo, achando que somente assim nos libertaremos dos emaranhados.

Nem sempre é possível parar de fazer aquilo que está nos incomodando. Nesse caso, é preciso encontrar uma maneira diferente de encarar os obstáculos. Geralmente, o simples fato de mudarmos o foco da situação já é suficiente para amenizar o desconforto causado pelos desafios que a realidade nos impõe.

Quando nos obrigamos a praticar o que não temos vontade de fazer, passamos a não gostar daquilo. Mas, se o encaramos como uma ação necessária naquele momento, e não uma tarefa obrigatória, invertemos o sentido. Assim, passamos a aceitar melhor, favorecendo nosso desempenho. Podemos nos sentir totalmente livres, em pleno exercício da atividade do cotidiano e no cumprimento dos compromissos que assumimos na vida, desempenhando nossas funções com prazer e alegria.

A falta de liberdade causa-nos grande desconforto. Quando nos sentimos tolhidos, ficamos insatisfeitos com o estilo de vida que não condiz com aquilo que aspiramos. Passamos a nos sentir descontentes, desejamos realizar algo que transcenda aquilo que nos cerca, como, por exemplo, estar em outro lugar, fazendo algum passeio, quando não se pode ausentar do trabalho.

Não existe lugar propício para se soltar nem condições ideais para ser espontâneo. Tudo depende de nosso desembaraço diante daquilo que nos cerca. É preciso sentir-se bem com o próprio jeito de ser, não depender somente daquilo que realizamos. Nossa satisfação não deve restringir-se a certas atividades; é necessário manter o desembaraço em tudo que realizamos, para ter prazer naquilo que fazemos.

Perdemos a liberdade quando nos apegamos aos outros. Os conceitos e valores que adotamos ao longo da vida também reprimem nossa espontaneidade e sufocam a originalidade.

Pela consideração ao outro, muitas vezes desrespeitamos nossas vontades, ultrapassando os limites da dedicação. O empenho na participação das tarefas corriqueiras deixa de ser um gesto de colaboração, passando a se tornar uma obrigação, que é mantida como um fardo. Essa espécie de teias da convivência representa uma das principais ameaças da liberdade, prejudicando a felicidade.

Isso se agrava quando alguém quer se destacar no ambiente, agindo de maneira rude, recriminando os outros, e muitas vezes apela para a estupidez para chamar a atenção. Comportamentos dessa natureza impressionam negativamente a todos que o cercam, criando uma atmosfera de medo. Na tentativa de impor respeito, as pessoas que agem assim acabam criando um clima de terror, dificultando a vida de todos ao seu redor.

Existem também as pessoas que dominam fazendo-se de vítimas. Elas mobilizam todos que estão à sua volta, cobrando atenção e carinho. Dependem dos outros para tudo que fazem, criando assim uma teia de manipulação que, além de comprometer sua própria liberdade, também complica o desempenho dos entes queridos.

Ambas as formas de domínio são causadas por pessoas carentes, que dependem do outro para satisfazer suas lacunas afetivas. Buscam obter essa atenção por meio de artimanhas condizentes com sua personalidade. Aqueles que são retraídos, por exemplo, inferiorizam-se com facilidade, apelando para o vitimismo; já os mais explosivos recorrem aos métodos mais rígidos, como a crítica ou a estupidez.

Esses mecanismos usados pelas pessoas manipuladoras prejudicam a convivência, desgastam o sentimento e comprometem a liberdade de todos.

Apesar de essas influências serem muito fortes, elas não são suficientes para nos tolher dentro de casa. O envolvimento afetivo e a falta de habilidade para lidar com esse tipo de situação é que nos tornam vulneráveis a isso tudo, prejudicando nosso desembaraço na intimidade do lar. Pode-se dizer que não são exatamente os outros que nos atrapalham, mas nós mesmos que não conseguimos superar esse tipo de dificuldade da convivência, prejudicando nossa livre expressão na vida.

Para termos bom desempenho diante das pessoas com quem convivemos, é preciso nos despojarmos das impressões constrangedoras. Não adianta sermos desembaraçados fora dos meios de convivência diária; isso não vai sanar as dificuldades encontradas com os entes queridos.

A conquista da liberdade é obtida por meio da reformulação de algumas crenças e valores que nos fazem sentir presos às obrigações. Um exemplo de reformulação é pensar que tudo na vida é uma opção e de alguma maneira escolhemos estar ali fazendo aquilo que nos cabe no presente.

Imbuídos pelo intuito de ser alguém na vida e obter o reconhecimento dos outros, costumamos sufocar nossa essência. Tornamo-nos dependentes de aprovação das pessoas, principalmente dos familiares. Também os bens materiais passam a ser mais que elementos de conquistas para o usufruto, tornando-se imprescindíveis para a autoestima.

A demasiada importância atribuída aos pertences nos torna dependentes e aprisionados ao desejo de conquista; ou, ainda, pode causar medo de perdas, de prejuízos financeiros, comprometendo nosso desembaraço em meio a isso tudo.

Deixar de ser materialista não significa total desprezo aos bens, mas sim desapego, gozo do privilégio de usufruir, sem depender de algo físico para sentir-se importante. A baixa autovalorização nos torna dependentes dos outros, principalmente das conquistas materiais. Somente conseguiremos vencer o sentimento de inferioridade quando elevarmos a autoestima e passarmos a dar mais valor a nós mesmos.

Por fim, liberdade não deve ser confundida com libertinagem. Um indivíduo libertino é desordeiro, não respeita os limites dos outros, quebra a harmonia do ambiente, quer fazer aquilo que acha certo, no momento que mais lhe convém. Não assume a responsabilidade pelos seus atos, é inconsequente e imaturo.

A liberdade é uma condição natural do ser. Não significa ter total domínio sobre as situações ou mesmo controlar todos que o cercam, mas sim articular a realidade de forma a encontrar os meios para realizar os objetivos e saciar as vontades.

NÓDULOS OU TUMORES NA TIREOIDE

Bloqueios na concretização dos objetivos.

As causas da formação de nódulos ou tumores na tireoide ainda são parcialmente desconhecidas. Sabe-se que existem várias doenças da tireoide que podem produzir nódulos e também podem levar ao câncer. A maioria dos tumores da tireoide é benigna e raramente adquire a malignidade.

No âmbito metafísico, o autoabandono e a baixa autoestima fazem com que as pessoas sintam necessidade da aprovação dos outros. Dependem de resultados promissores para sentir-se integradas ao meio. Distantes de si mesmas, ficam sedentas por situações ou relacionamentos que as preencham emocionalmente.

A tentativa de suprir as carências faz com que invistam todas as suas expectativas numa só situação ou projetem em alguém toda a chance de ser felizes.

Essa atitude as torna vulneráveis às decepções. Melhor dizendo, se por algum motivo seus planos forem interrompidos, elas se sentirão profundamente frustradas e infelizes. Os desfechos desagradáveis transformam-se em grandes abalos, podendo ocasionar bloqueios na relação com o meio externo.

Metafisicamente, os nódulos na tireoide refletem os bloqueios na realização dos objetivos, a indignação causada pelos empecilhos encontrados no relacionamento ou na carreira profissional.

Com o propósito de ser bem-sucedidos naquilo que aspiramos, somos movidos por uma força interior que se manifesta em direção aos objetivos traçados. Durante o processo existencial, estabelecemos as metas de acordo com as reais necessidades ou mesmo para suprir as carências afetivas. Acionamos todos os nossos recursos no sentido de alcançar aquilo que almejamos.

No entanto, a vida é repleta de encontros e desencontros, envolvimento e desprendimento que integram essa trajetória, mobilizando nossa força interior em busca daquilo que nos sacia. Entre acertos e desacertos, amadurecemos e fortalecemos os objetivos ou, mesmo, renovamos as diretrizes, procurando outros meios para sermos felizes.

Há certos acontecimentos que nos abalam profundamente, porque afetam nossos mais íntimos anseios. Passamos a nos torturar pelo arrependimento de ter investido tanto em determinada situação ou pessoa. Decepcionados, ficamos magoados, achando que fomos injustiçados pelas ocorrências.

A mágoa é um sentimento que corrói, pela dor de termos sido feridos por alguns eventos desprezíveis. Na verdade, também somos responsáveis por tão profundas feridas. Obviamente, todas as injustiças reclamadas têm fundamento; os danos emocionais, porém, são decorrentes da maneira como reagimos aos acontecimentos.

São as atitudes diante dos infortúnios que vão definir o reflexo interior de uma experiência negativa. Cada um reage de um jeito a um mesmo episódio. Uns fazem grande estardalhaço, por meio do qual escoam a revolta e a indignação; outros desprezam os acontecimentos, recusam-se a compactuar com tais fatores, rompendo qualquer vínculo e dedicando-se a outros caminhos para conquistar novos horizontes. Nesses dois exemplos, não são implantados reflexos emocionais negativos.

Já as pessoas que somatizam nódulos na tireoide são aquelas que repudiam seus infortúnios mas não conseguem expor aquilo que sentem, sufocando a revolta, que permanece "entalada" na garganta, causando metafisicamente os nódulos da tireoide.

Para transformar essa postura revoltosa, não adianta tentar entender o comportamento daqueles que o afetaram ou mesmo os mecanismos existenciais causadores de tanto desconforto. Qualquer tentativa nesse sentido é desperdício de energia e fomenta ainda mais a indignação.

Comece por você. Obviamente as causas dos acontecimentos ruins não lhe dizem respeito. No entanto, o que aquilo causou interiormente está relacionado com seu posicionamento, tanto naquela relação ou situação, quanto no infeliz desfecho, ou melhor, na maneira como tudo aconteceu.

Quando somos afetados de alguma maneira, atribuímos a culpa aos eventos exteriores, mas na verdade ninguém nos machuca; criamos expectativas que não são correspondidas, e isso é o que mais nos abala. Ninguém nos derruba; se caímos, faltou sustentação interior para nos fundamentarmos em nós mesmos, evitando ser derrotados pelas maldades. O fato de termos sido muito afoitos naquilo que pretendíamos faz com que os tropeços resultem em grandes baques.

Nossa condição interior é soberana sobre os eventos que ocorrem ao redor. Se estivermos bem, nada nos abala a ponto de causar profunda revolta. Lamentamos por aquilo que não sai como planejado. Sentimos cada tropeço, mas nada nos arrasta para um estado de profunda revolta ou depressão.

Aprenda a integrar sem se anular. Não viva mais em função dos outros. Tudo pode ser vivido com plenitude, mas nada é para ser mantido a custo da anulação. Você é o que há de mais importante. Respeite-se.

Para ser bem-sucedido, realizado e feliz, é preciso estar íntegro, com boa autoestima e elevado amor-próprio. É preciso não se excluir, sufocando a natureza íntima. Nenhuma conquista será plena se for obtida à custa do autoabandono. Reprimir-se para alcançar aquilo que é valioso fará perder o apreço pelos bons resultados obtidos.

A felicidade não é alcançada em meio às coisas da matéria, tampouco cercado de amigos. Ser feliz é estar integrado a si próprio e sentir-se bem consigo mesmo. Somente quando você se tornar seu maior aliado, estará realmente preparado para conquistar tudo de bom que existe para ser usufruído nesta vida.

BÓCIO

Frustração e opressão.

Bócio é o aumento de volume da glândula tireoide decorrente de várias alterações funcionais dessa glândula. Dentre elas destaca-se o hipo ou hiperfuncionamento da mesma, conhecido popularmente por "papo".

Existem vários tipos de bócio. Ele pode ser endêmico, causado pela carência de iodo. A falta de iodo no organismo impede a síntese necessária dos hormônios da tireoide, causando aumento do estímulo da hipófise e consequentemente o aumento do volume da tireoide. Nos Alpes suíços e na região dos grandes lagos dos Estados Unidos, o solo apresenta-se pobre em iodo. Como consequência, nessas regiões havia um grande número de indivíduos com bócio. Atualmente eles adicionam iodo ao sal de cozinha para prevenção da moléstia.

Metafisicamente, o bócio é decorrente de uma má interação consigo mesmo, no sentido de não ter bem definido o curso da própria existência ou de tê-lo aceito. Em vez de aprovar suas próprias ações, a pessoa prefere adotar um estilo reconhecido pelo meio como a maneira correta de atuar na sociedade. Mesmo que esse estilo não seja compatível com o estilo da pessoa, ela adotará esse modo socialmente correto, para ser reconhecida.

Caso o meio considere ideal ser comunicativo, por exemplo, a pessoa vai procurar estar constantemente falando, mesmo não sendo essa a sua natureza, mais observadora do que expressiva. Mas a pessoa passa a acreditar que só será respeitada e compreendida se participar das conversas ou reivindicar verbalmente seus direitos. Agindo assim, só consegue a antipatia dos outros, pois seu comportamento ultrapassa os limites do aceitável.

O mesmo ocorre com as pessoas de natureza expressiva, que, por medo de se colocar perante as figuras de "respeito", como os pais, por exemplo, calam-se, tornando-se recatadas e submissas. Bloqueiam sua capacidade de comunicar-se, provocando conflitos de natureza emocional, pois anseiam por se expressarem mas sufocam esses impulsos de comunicação.

Todas as vezes que desrespeitarmos nossas características e implantarmos crenças e valores que interfiram naquilo que somos ou todas as vezes que adotarmos comportamentos que afrontam nosso estilo, visando a ser bem-sucedidos na vida profissional e afetiva, comprometeremos os principais componentes para o sucesso: a espontaneidade e a originalidade. Além disso, estaremos criando conflitos interiores e bloqueando nosso fluxo pela vida.

As pessoas acometidas pelo bócio são aquelas que, quando se frustram, desistem de tentar outras formas de manifestar sua natureza. Amargam a pior derrota, aquela que não somente lhes tira as chances mas também abala a certeza de que são capazes de ser bem-sucedidas agindo à sua maneira.

Projetam nos outros as próprias dificuldades, não assumem as fraquezas, procuram sempre um álibi para justificar sua ineficiência.

Geralmente se comportam de maneira exagerada, expressando sua revolta por meio da fala. São ríspidas em suas colocações, cobram dos outros eficiência e dinamismo, tudo aquilo que não conseguem ter. Existem ainda aquelas que recorrem à chantagem, fazendo-se de vítimas e, assim, transferindo para as pessoas que estão à sua volta a responsabilidade sobre aquilo que não foi devidamente realizado.

Assumir as próprias dificuldades na execução dos objetivos, respeitar os próprios limites e procurar se entender melhor antes de agir no meio externo são medidas saudáveis para as condições internas metafisicamente causadoras do bócio.

Não adianta transferir aos outros os próprios infortúnios; é preciso admitir que algo em seu interior não anda bem e necessita ser aprimorado para que seu desempenho na vida seja mais bem aproveitado.

Não se sinta oprimido. Abandone a tristeza, descubra sua natureza íntima e desperte para viver livremente o presente, revelando nele suas qualidades.

HIPOTIREOIDISMO
Inibição da expressão corporal e
repressão da força realizadora.

Hipotireoidismo é um distúrbio que provoca a insuficiência na produção de hormônios da tireoide. No adulto, é provocado pela retração do funcionamento da glândula.

O hipotireoidismo pode ocorrer pela carência de iodo no organismo. Os sintomas mais evidentes são apatia, diminuição dos batimentos cardíacos e aspecto de inchaço principalmente na região da face (mixedema).

Metafisicamente, é causado pela dificuldade de a pessoa manifestar os conteúdos interiores no meio em que vive. Sua expressão é contida, enquanto a imaginação flui desenfreadamente. No entanto, a execução não acontece com a mesma intensidade.

Trata-se de alguém que é mais idealizador do que prático. Mergulha nos sonhos projetando estratégias mirabolantes, mas, na hora de realizá-las, contém-se. Temendo os insucessos, frustra seus mais caros anseios.

Apesar de muita meticulosidade na elaboração dos planos de ação, não tem desembaraço suficiente para realizar sequer as tarefas rotineiras. Diante dessas dificuldades, delega aos outros as atividades rotineiras, adotando uma postura de comando. Age como se fosse uma espécie de "mentor intelectual", dando as diretrizes para os outros agirem, manipulando assim aqueles que o cercam. Prefere mobilizar os outros a agir por conta própria.

Possui uma "cabeça" brilhante, com ideias extraordinárias, deixando aqueles que o cercam encantados com sua mestria em elaborar planos e discursar com tanta ênfase. No entanto, decepciona quando precisa mostrar algo de concreto. Ações práticas não são seu forte, e deixa muito a desejar quando precisa executar algo.

Alega estar preparando-se para as situações mais relevantes, que exigem grande astúcia e muito empenho, pois as tarefas rotineiras são fáceis e poderão serem feitas automaticamente, cabendo a qualquer um executá-las. Mesmo essas, a pessoa não consegue desempenhar. Diante do excelente desempenho dos outros dando conta dos afazeres, sente-se frustrado. Reage a isso com demérito, porque não se sente bom o bastante para realizar sequer as tarefas rotineiras, muito menos as mais relevantes.

Apesar da colaboração dos outros, mostra-se descontente com o auxílio recebido. Tem sempre alguma observação que desmerece aquilo que foi feito de bom grado.

Toda dificuldade que apresenta para a ação se deve ao fato de depender de aprovação. Mesmo alegando que a opinião alheia não interfere em nada, teme ser rejeitado e principalmente desprezado. Isso causa grande insegurança na hora de agir, pois estará exposto a avaliação e poderá ser criticado pela ineficiência.

Chega um momento na relação com as pessoas que as artimanhas não convencem. Os excessos cometidos pela pessoa desgastaram o relacionamento, tornando a convivência complicada.

Quando conseguia fazer todos se mobilizarem a seu comando, de certa forma saciava suas necessidades realizadoras por meio deles. No entanto, a perda do controle da situação representa um grande abalo emocional, que metafisicamente acelera o processo somático da doença.

Para reverter essas condições interiores, é necessário assumir a própria vida, direcionar seus próprios passos, não focar tanto os outros e contar mais consigo mesmo, agir de acordo com a capacidade que tem e não recorrer aos outros em busca de reforço ou apoio. Sinta-se seguro para fazer o que pode, pois o que falta será realizado oportunamente. O que importa é você fazer sua parte e não depender dos outros.

OBESIDADE
Necessidade de sentir-se acolhido.

Atualmente a obesidade tem sido um tema amplamente divulgado. Vem sendo pesquisada pela comunidade científica e explorada por oportunistas que oferecem regimes milagrosos que mais prejudicam o corpo do que resolvem definitivamente o problema.

O aumento de peso tem afetado boa parte da população, principalmente pessoas de média idade. A preocupação com a elevação de peso, na maioria dos casos, é exagerada, porque não só afeta o físico mas também abala a autoestima e fere o amor-próprio.

Excesso de peso é um constante desconforto. O espelho denuncia a existência de curvas indesejadas no corpo, as roupas perdem o caimento que sempre tiveram ou, infelizmente, nem servem mais. Para desespero da pessoa, ela precisa admitir que engordou.

Numa sociedade que cultua um modelo estético de corpo esguio, de modelos magras, ter uns quilos a mais já é motivo de preocupação, por causa da discriminação.

O que mais afeta as pessoas que estão acima do peso é serem taxadas de gordas e discriminadas no grupo de amigos.

A adequação é um dos objetivos de qualquer um, portanto a obesidade fará a pessoa sentir-se inadequada; isso causa grande abalo emocional.

Antes de se dedicar a um método de redução de peso, é preciso integrar-se com a própria realidade corporal, porque muitas vezes a pessoa não está tão acima do peso como imagina, mas, em sua visão distorcida do próprio corpo, ela equivale a alguém que possui peso bem elevado.

Aceitar o próprio peso não significa acomodar-se à condição em que se encontra. Se a pessoa se integrar com sua real condição, sem se depreciar, ela vai escolher um método de emagrecimento que não agrida o corpo nem prejudique a saúde.

Quem comete exageros, aventurando-se em regimes rigorosos e exercícios pesados para perder o máximo de peso no mínimo de tempo, não respeita os limites do corpo e, consequentemente, agride-se. Empenhar-se nos objetivos estéticos é saudável, mas não se deve radicalizar.

O verdadeiro bem-estar não depende do peso que o corpo apresenta, mas sim de como a pessoa está se sentindo interiormente. O fato de o indivíduo não se tornar escravo das aparências já é um ponto favorável para que se sinta bem consigo mesmo.

Cuidar do corpo é um gesto de carinho. Evitar os excessos e preservar a integridade física com dietas amenas intercaladas com exercícios leves representa uma maneira natural de perder peso, sem a pressão exercida pela baixa autoestima quando se atrela o emagrecimento à felicidade.

A insegurança e a fragilidade interior tornam a pessoa dependente das formas físicas para estabelecer vínculos afetivos. Já aqueles que são interiormente saudáveis, além dos cuidados com o corpo, consideram outros talentos como agentes de integração e preservação de um relacionamento.

A estética corporal promove uma aproximação circunstancial. A condição emocional é responsável por estender uma relação, sustentando longo convívio entre o casal.

Um corpo com as formas esculturais desperta nos outros o desejo, mas não necessariamente promove laços afetivos saudáveis. Para o sucesso no relacionamento, o corpo não é tudo, porque, quando gostamos de uma pessoa, envolvemo-nos num encanto mágico, típico dos enamorados. Esse estado faz emergir os desejos sexuais, promovendo a atração, que suplanta os sensos estéticos impostos pela sociedade.

A obesidade não é empecilho para o amor. Não se deixa de gostar porque o parceiro engordou. Na intimidade, por exemplo, as formas físicas não são tudo; conta muito o desempenho do parceiro, a ginga do casal na cama, não exatamente as formas corporais; estas seduzem o outro, mas não necessariamente realizam a própria pessoa.

Quando uma relação não dá certo e o desfecho culmina com o aumento de peso de uma das partes, esse fato pode ter desencadeado a separação, mas não é o principal causador da ruptura. Os abalos emocionais causados pelas crises no relacionamento deixaram a pessoa carente, fazendo-a recorrer à comida para saciar suas lacunas afetivas. Esse comportamento provocou o aumento de peso.

Há também outro fator a ser considerado. Nesse caso, trata-se do ciúme e do excesso de cobrança. Quando se ganha peso, geralmente se perde a autoestima e a pessoa se sente insegura na relação. Consequentemente, comporta-se de maneira exagerada, às vezes até neurótica, ocasionando conflitos. Portanto, a obesidade não é a causa da infelicidade no amor, mas essa causa pode ser a conduta da pessoa diante do parceiro.

No âmbito metafísico, o aumento de peso está relacionado com a fragilidade interior, que se compara a uma imaturidade emocional. A pessoa sente-se despreparada para lidar com algumas situações, geralmente na relação familiar ou afetiva, mas pode ser também de ordem profissional ou social.

Assustada com o desenrolar dos fatos, sente-se desamparada. Em vez de enfrentar as dificuldades do ambiente, recorre aos subterfúgios para atenuar suas frustrações.

Um dos mecanismos de fuga mais frequentes é a alimentação. A pessoa precisa estar sempre mastigando alguma coisa para atenuar o ócio ou extravasar a indignação. Também o prazer do alimento compensa o desconforto da realidade, preenchendo o vazio interior. A compulsão pela comida é uma queixa frequente nos casos de excesso de peso. Não se consegue comer moderadamente, respeitando os limites alimentares. A comida passa a ser uma obsessão difícil de ser controlada.

Outra forma de compensar é por meio das faculdades mentais. Os obesos são dotados de uma imaginação fértil. Avaliam as situações com muita meticulosidade. Destacam-se pela extraordinária criatividade, tornam-se excelentes estrategistas.

A agilidade mental é tão grande, que mesmo sozinhos começam a fantasiar histórias com outras pessoas ou situações e precisam bolar um plano para saírem vitoriosos de supostas batalhas travadas em sua mente. Ficam tão desgastados só de imaginar as confusões ou dificuldades, que se abstêm das ações diretas.

Enquanto ficam pensando em tudo que precisam fazer, emitem impulsos mentais para o organismo, que, em virtude disso, se prepara para exaustivas atividades, armazenando uma série de nutrientes absorvidos na digestão, principalmente as gorduras, que servem de combustível para o corpo na hora de realizar as tarefas planejadas. Como não ocorre a execução, a força de ação é sabotada, provocando um acúmulo de tecidos gordurosos, que vão contribuir para o aumento de peso.

As pessoas que sofrem com o aumento de peso são entusiastas, vivem repletas de expectativas, muitas delas infundadas, criando um universo de sonhos. Geralmente, se distanciam da realidade, mergulhando em suas fantasias. Querem ser mais do que realmente são, no entanto têm dificuldade para concretizar seus anseios.

Quando vão realizar algo, não se comportam de maneira organizada. Tentam fazer várias coisas ao mesmo tempo, comprometendo a efetivação de cada uma delas. Não bastasse essa agitação, ainda se põem a opinar em tudo, assumindo responsabilidades excessivas. Tornam-se displicentes com o que realmente tem a ver com elas. Não possuem a determinação necessária para concluir as tarefas em andamento. Preocupam-se demasiadamente com o andamento de tudo, mas não se dedicam objetivamente na efetivação daquilo que é prioritário. Projetam muito mais do que são capazes de realizar.

Esses indivíduos estão sempre insatisfeitos com os resultados obtidos nas situações ao redor, tanto pela sua própria ineficiência quanto pelas expectativas projetadas sobre os outros. Amargam fracassos familiares ou profissionais, frustrando sua vontade de interagir com o meio.

Alguns se isolam, permanecendo apáticos; outros procuram meios para chamar a atenção das pessoas, com chantagens ou histórias fantásticas. Há também quem aja com estupidez, para exercer certo domínio por meio da persuasão e do medo.

Nada disso, porém, irá preencher a pessoa o suficiente. É um engodo que a distrai, afastando-a de sua realidade interna, que precisa ser reformulada.

Não dependa do destaque alcançado, para sentir-se aceito e consequentemente integrado ao meio em que vive.

Sinta-se bom o bastante, respeitando as devidas proporções de sua penetração diante daqueles que o cercam. Não cometa exageros. Seja simplesmente você, porque esse é o maior tesouro que se pode alcançar na vida.

Os obesos, naturalmente emotivos, possuem grande capacidade afetiva, tanto que, quando manifestam essa qualidade interior, conquistam ou promovem aqueles que estão à sua volta. No entanto, esse não é seu estado frequente. Por terem sido muito afetados por essa sensibilidade, tornaram-se racionais, para se protegerem, evitando novas decepções.

As pessoas obesas têm dificuldade para expressar aquilo que sentem. Temem entregar-se ao relacionamento e sofrer decepções, como provavelmente já deve ter ocorrido no passado. Os traumas nas relações são as maiores agravantes desses temores presentes.

Mostram-se afetuosas com os outros, mas em seu íntimo repousa uma grande carência, que se intensifica por não saberem lidar direito com os próprios sentimentos. O temor de serem abandonadas por quem as ama faz com que desenvolvam apego excessivo, manifestando-se em forma de cobrança. Exigem constantes explicações, ocasionando um distanciamento cada vez maior entre o casal ou em relação aos entes queridos.

O próprio medo de perder as pessoas queridas leva-as a agir de maneira nociva para as relações, ocasionando a temida perda. A felicidade afetiva depende do bom desempenho de cada um na relação. A dificuldade de um reflete-se diretamente na convivência do casal ou da família, interferindo na harmonia do lar.

A excessiva atividade mental das pessoas que sofrem com o aumento de peso provoca ansiedade, que é desenvolvida basicamente pela dificuldade da pessoa em interagir com o vazio do momento, que precede uma ocasião especial. Em vez de preparar-se relaxando, ela se preocupa com o desfecho, deslocando-se para o futuro.

A ansiedade impede que se vivam intensamente as experiências, integrando-se com a realidade presente. Ficar preso ao passado e imaginar como será o amanhã provoca uma intensa atividade mental e, consequentemente, grande desgaste de energia em vão.

O excesso de peso revela falta de habilidade para aguardar o momento certo para agir. Temendo insucessos, a pessoa se previne, elaborando uma série de planejamentos para garantir resultados promissores.

Confiança em si próprio e nos processos existenciais é um conteúdo escasso no universo interior das pessoas obesas. Não havendo isso, o corpo proporciona um revestimento de tecido adiposo que oferece uma falsa sensação de proteção e aconchego, que não é reconhecido no meio externo.

Exemplos disso ocorrem quando alguém passa por certos problemas, como ruptura de uma relação afetiva, perda do emprego ou queda financeira, apresentando significativo ganho de peso. Isso significa que a falta de apoio afetivo ou material provoca uma lacuna emocional, que é compensada pelo revestimento de gordura no corpo.

Dedicar-se a reformular as condições interiores que figuram entre as causas metafísicas da obesidade representa um ingrediente fundamental nas dietas e exercícios que visam à redução ou ao controle do peso. Esse trabalho interior compreende, entre outras coisas, sentir-se vitorioso pelo simples fato de existir em meio aos desafios existenciais, considerar a capacidade de superar obstáculos e expressar o potencial.

Não dependa dos bons resultados exteriores para promover a autoestima e elevar o amor-próprio. Sinta-se bem o suficiente para realizar aquilo que cabe a você, sem depender do apoio ou consideração dos outros. Você é a causa de tudo e, consequentemente, o único responsável pela própria felicidade.

Não fique apenas nos planos mentais, traçando estratégias; dedique-se à realização. Procure pôr em prática cada pensamento, manifestando a possibilidade para realizar ou não aquilo em que você está pensando. Quando o projeto for totalmente inviável, considere aqueles pensamentos como sonhos fantasiosos, que só consomem energia e distanciam você da realidade; seja objetivo e prático. Desse modo, seu corpo permanecerá em condições saudáveis e bem apresentável, sem que você precise sacrificar-se tanto com regimes e exercícios.

Você merece um corpo saudável e em boas condições; para tanto, sinta-se bom o bastante para fazer aquilo que cabe exclusivamente a você. Não dependa dos outros nem de resultados concretos para seu bem maior.

GORDURA LOCALIZADA
Impulsos contidos e anseios camuflados.

Dependendo do padrão fisiológico de armazenar gordura em excesso, é possível distinguir dois tipos básicos de pessoas que estão acima do peso, as quais recebem a denominação de "maçãs" ou "peras". As primeiras são as que têm gordura localizada no abdome (barriga). Para aquelas cujo excesso de gordura está localizado na região inferior do corpo (quadris e coxas) atribui-se o nome de "peras". Esses estereótipos se referem aos dois tipos mais comuns de reservas das células gordurosas.

No âmbito metafísico, gordura localizada na **região abdominal** ocorre em pessoas que apresentam dificuldade para manifestar suas vontades, bem como realizar os mais caros desejos. São resignadas quanto à expressão dos próprios conteúdos. Não se sentem no direito de saciar seus ímpetos.

São pessoas que sempre se empolgaram muito com aquilo de que gostavam; eram entusiastas e ficavam extremamente radiantes quando podiam realizar suas vontades. Com o passar do tempo, surgiram outras necessidades; a vida exigiu novas posturas. As responsabilidades forçavam o amadurecimento. Por exemplo, a impossibilidade de praticar seus *hobbies* tornou-se um aborrecimento para a pessoa.

Geralmente as mudanças vêm acompanhadas de um desinteresse natural por algumas atividades que não condizem com a realidade presente. Caso a pessoa não renove seus desejos, será difícil praticá-los.

A barriga surge exatamente nessa fase da vida, em que o processo de transição desencadeia certos conflitos interiores, gerados pelas frustrações. A pessoa não se dá conta que sua realidade é outra. Insiste em continuar como antes, mantendo os velhos padrões de comportamento.

A verdadeira maturidade vem seguida da abstenção de certos caprichos que não cabem no momento. Isso provoca o recalque de alguns impulsos. A barriga surge como uma espécie de reflexo dos anseios camuflados.

O fato de a pessoa preservar certas vontades não é de todo mau. O que ela não deve é negar a expressão desses impulsos básicos e esperar que os outros aprovem seu jeito de ser, incentivando-a a valorizar seus mais caros desejos.

A criança e o jovem vivem cheios de expectativas, acham-se plenos com os poucos conteúdos que aprenderam.

Consideram-se o máximo, principalmente quando estão praticando o que gostam. Alimentam certo egocentrismo, achando que o mundo e as pessoas giram em torno deles.

O fato de serem verdadeiros para consigo mesmos é algo fundamental para o bem-estar físico e emocional. Não sabotar sua natureza para adaptar-se à realidade é a melhor maneira de se relacionar com o meio, cultivando a própria condição interior.

Ainda que ninguém aprove seu jeito, ele deve ser soberano para você, digno de ser praticado num momento oportuno.

Reprimir os impulsos pode causar súbita manifestação, tumultuando o ambiente. Ninguém se satisfaz indo à forra, agindo de maneira exagerada. Nada que é forçado dá prazer. A pessoa sai de um extremo da abnegação e vai para o outro, pondo em risco a harmonia. Vale lembrar que, quando você estiver bem, tudo à sua volta irá se estabilizar e a ordem irá reinar em sua vida.

A barriga surge na fase em que a pessoa está sufocando suas reais aspirações em nome de algo que está vivenciando intensamente. Vejamos algumas das principais fases da vida que geralmente provocam a repressão das vontades, em razão das quais poderá surgir barriga.

Podemos até apelidar carinhosamente a *barriguinha* de acordo com aquilo que metafisicamente mais se destaca como fator causador desse acúmulo de gordura na região abdominal.

Barriga da profissão. Revela a resignação dos prazeres em prol da carreira. Surge quando a pessoa está se anulando em função das atividades profissionais. O trabalho é desempenhado com exagerada seriedade. Perdem-se a alegria e a descontração durante a realização das tarefas.

O aparecimento dessa "barriguinha" representa que o trabalho passou a ser exercido de maneira acirrada, sem o respeito às vontades próprias. Os objetivos de galgar novos patamares de atuação na carreira tornaram-se as únicas fontes de satisfação, perdendo-se qualquer outra forma de realização pessoal.

Procure não viver exclusivamente para o trabalho, porque, apesar de ele ocupar um importante papel em sua vida, não é a única fonte de realização. É preciso cultivar outros aspectos, tais como relacionar-se harmoniosamente com as pessoas queridas e, principalmente, respeitar aquilo que é essencial em você, como os impulsos que vertem naturalmente na forma de desejos e aptidões.

Barriga da aposentadoria. É aquela que aparece ou se acentua com a interrupção da atividade profissional. Quando a pessoa não apenas trabalha com o que gosta mas também tem no trabalho sua única fonte de satisfação, aposentar-se a faz sentir-se tolhida em seu universo de realizações.

Há pessoas que não podem parar, porque praticamente deixariam de ter um sentido de vida. Para essas, uma das evidências da transição com o advento da aposentadoria é a acentuada presença da barriga, que denota um significativo freio nos impulsos vitais.

Para superar o abalo emocional e manter-se bem fisicamente, é necessário que a pessoa descubra novas fontes de satisfação e renove seus objetivos, empenhando-se com motivação em busca de outros horizontes de realizações.

Barriga do relacionamento. Sua manifestação mais comum ocorre após o casamento, afetando principalmente os homens. Representa que a pessoa camuflou seus desejos na tentativa de integrar-se com o parceiro. Para manter uma convivência amistosa e viver em paz com seu bem-querer, precisou negar alguns anseios, reprimindo suas aspirações.

Vale lembrar que a felicidade afetiva não é obtida por meio da repressão dos impulsos, mas sim de um novo direcionamento das vontades, administrando-as com a realidade.

Uma pessoa mimada, por exemplo, quer fazer tudo aquilo de que gosta na hora em que tiver vontade. Obviamente, quando estabelece uma convivência, surgem outras necessidades. Será preciso aprender a administrar uma vida a dois ou em família, de forma a não fugir às responsabilidades nem negar a prática daquilo que é prazeroso.

Tudo é questão de programar melhor as atividades. Afinal, agora não é mais como antes, quando a pessoa se encontrava sozinha; agora sua agenda pessoal é compartilhada com os integrantes da família.

Administrar a convivência sem comprometer as próprias satisfações exige empenho e determinação. A felicidade depende da habilidade de preservar as próprias vontades e compartilhar os momentos agradáveis com quem amamos.

Não querer abrir mão dos próprios caprichos num momento em que é impossível realizá-los é uma atitude inconsequente. O parceiro terá de apontar a impossibilidade de realizar aquilo que a pessoa quer. Esta, ofendida, projetará suas frustrações naquele que a alertou das limitações impostas pela realidade.

Atitudes como essa revelam a imaturidade da pessoa em relação à convivência familiar. Em vez de amadurecer no processo existencial, camufla seus anseios, frustrando suas expressões na vida. Com o tempo, surgem as crises no relacionamento, que na verdade são causadas pelos recalques implantados sobre si, diante da realidade.

Depois de um tempo, tudo isso vem à tona, gerando uma série de desconfortos na convivência. A pessoa entra em crise, achando que os outros a sufocaram, quando na verdade foi ela que não conseguiu preservar suas satisfações. Por falta de habilidade para manifestar suas vontades em meio a outras necessidades, rendeu-se aos imprevistos, sufocando seus desejos. Na tentativa de agradar aos outros, conteve-se, até que não aguentou mais, entrando em crise existencial, que se projeta nos relacionamentos.

A verdadeira causa de crises dessa natureza é a resistência da pessoa em amadurecer para lidar com os novos processos existenciais.

Barriga da maternidade. O nascimento de um filho é motivo de muita alegria para o casal, em especial para a mulher. Renova os objetivos, desperta a motivação, faz renascer as esperanças e a motivação pela vida.

Nessa fase é comum o surgimento de uma "barriguinha", denunciando a camuflagem dos desejos. A própria força que desabrocha com a chegada do bebê acaba sendo reprimida com os excessos de zelo, as preocupações excessivas com o futuro da mulher, agora com um filho "no colo", ou mesmo com o futuro da criança, nesse mundo repleto perigos, incertezas, etc.

Na verdade, as próprias expressões da mulher ficam contidas. Seus objetivos, a carreira, coisas que antes geravam intensas vontades, agora não mais são praticadas. Parece existir uma mulher anulada atrás de uma mãe dedicada.

Certas necessidades são naturalmente transformadas, mas há alguns desejos que são negados. Esses nem se comparam com as intensas satisfações que o filho proporciona. No entanto, as pequenas frustrações irão pesar lá na frente, quando não contará mais com a grande aproximação da criança, que seguirá seus passos, por outras direções na vida.

Nesse momento, as lacunas femininas geradas pela anulação da mulher recairão sobre ela como um pesado fardo da vida, gerando desconforto e insatisfações.

Para evitar que isso aconteça, você poderá alterar a maneira com que vem mantendo essa experiência, isto é, viver todas as satisfações agradáveis que o filho proporciona, apreciar o sabor da maternidade, mas sem anular a mulher que existe em você; aproveitar cada sensação agradável que o filho desperta, sem sabotar a própria felicidade com as preocupações excessivas que não cabem exclusivamente a você evitar. Procure curtir intensamente esses momentos que expressam a magia da vida de uma mulher.

Em alguns casos, quando a mulher precisa trabalhar e deixar o filho com outras pessoas, isso reprime o desejo de estar com ele o tempo todo. Nesse caso, seus impulsos mantêm-se camuflados, permanecendo reprimidos na região do tórax, podendo desencadear o surgimento da "barriguinha" na região abdominal.

No geral, o surgimento da gordura localizada na região abdominal reflete a necessidade de a pessoa gostar mais de si própria, no sentido de realizar suas vontades, buscar ser querida pelo que é, e não ser badalada pelos outros somente por atender às expectativas feitas sobre ela.

Preserve seu estilo, pois quem conheceu você de um jeito pode estar conspirando a favor de sua mudança de hábito, por ser mais conveniente a ele. Essa atitude, porém, poria um fim em sua chance de ser realizada e feliz.

Gorduras alojadas excessivamente na **região dos quadris e coxas** tornam a pessoa mais gorda na parte inferior do corpo (característica: "peras"). Metafisicamente, esse estereótipo representa que a pessoa deixou de ser audaciosa, contendo a força expressiva. Sempre se lançou corajosamente na conquista de um futuro promissor, porém deixou de manifestar essas qualidades após certos obstáculos traumáticos que abalaram a confiança em si mesma.

A pessoa perdeu as referências próprias, passando a buscar apoio nos outros. Ela tanto pode tornar-se dominadora, querendo controlar a vida dos entes queridos, quanto viver em torno daqueles que estão em volta, fazendo o possível para agradá-los. Exagera nas dedicações, tornando-se extremamente prestativa para com as necessidades alheias, esquecendo-se de si própria.

No que se refere às questões de interesse geral, que correspondem ao ambiente, age com eficiência e dinamismo. Atende às necessidades dos outros com a presteza de uma mãe. Já quando é para cuidar de suas próprias coisas, perde o desembaraço e deixa de ser criativa. Não sabe tirar proveito das situações ao redor, envolve-se com tudo, mas não consegue determinar nada para si. Não implanta obras que realmente garantam o futuro, tampouco investe naquilo que é só seu.

Precisa estar sempre vinculada a alguém, não se dá conta de que tudo aquilo que é dirigido aos outros, como dedicação e até mesmo préstimos de serviço, a si também precisa dedicar, caso contrário passará a vida em função daqueles que a cercam, abandonando os próprios anseios e objetivos.

Procure dar a si aquilo que você tem esbanjado aos outros, como atenção, carinho e dedicação, pois desse modo irá fortalecer sua segurança, promover a autoestima e diminuir a dependência. Despoje-se das amarras e sinta-se livre para lançar-se naquilo em que você acredita. Use sua criatividade e poder de controlar as situações em prol de seus sonhos. Você consegue ser feliz com o autoapoio e determinação. Acredite em você.

HIPERTIREOIDISMO

Sentimento de rejeição, intolerância.
Falta de apoio e consideração por si mesmo.

A excessiva atividade funcional da glândula tireoide raramente representa a manifestação de uma hiperfunção primária da hipófise. O estado hipermetabólico do corpo provocado pelo aumento da produção do hormônio da tireoide causa elevação da temperatura, da pressão arterial, aumento da frequência do pulso, nervosismo, irritabilidade, sensibilidade ao calor, aumento da sudorese, dificuldade na respiração, fadiga, perda de peso, apetite aumentado, fraqueza, ocasionalmente diarreia e outros. Nem sempre a hiperatividade da tireoide resulta na elevação da produção desse hormônio.

Metafisicamente, as pessoas afetadas pelo hipertireoidismo apresentam significativas variações de humor e instabilidade emocional, e oscilam muito em seu modo de agir. Ora encontram-se entristecidas e carentes. Ora sentem-se rejeitadas. Acham que ninguém as considera o suficiente para solicitá-las ou mesmo incluí-las nas atividades; é como se sua presença fosse insignificante.

Apesar de reagirem ao descaso dos outros com aparente frieza e indiferença, encontram-se profundamente abaladas. Perdem a motivação para lidar com os afazeres, contêm o entusiasmo, mergulhando numa espécie de desespero que se revela por meio de uma agitação interior.

Ficam eufóricas, mas não conseguem realizar nada direito. Começam a fazer algo e imediatamente passam a se dedicar a outras coisas, deixando tarefas inacabadas. Falta ordem em suas ações, mas esta não será alcançada enquanto não conseguirem harmonizar-se interiormente.

Apesar dessa confusão interior, são eficientes; pena que desperdiçam parte desse potencial com as complicações interiores. Costumam se incomodar com a participação dos outros nas atividades desempenhadas em conjunto. Criticam o que fazem, pois esperam que todos tenham o mesmo desembaraço que elas.

Há momentos em que ficam extremamente irritadas. Qualquer episódio, mesmo irrelevante, é motivo para tirá-las do sério. Sua intolerância surpreende até a si próprias.

A busca de apoio e consideração nos outros é uma condição relativamente comum para a maioria de nós, porém as pessoas afetadas pelo hipertireoidismo exageram nesse ponto. Tudo que elas fazem foca resultados que vão colher daqueles que as cercam, daí a variação de comportamento. Ora são solícitas, vivendo praticamente em função dos outros, para serem reconhecidas. Ora, quando não houver um retorno à altura de suas expectativas, rebelam-se contra aqueles que as cercam.

Isso acontece porque consideram mais os outros do que a si mesmas. Enquanto não reverterem esse processo, não obterão a harmonia desejada nem o respeito e consideração alheios.

Sinta-se importante pela pessoa que você é, não pelo que os outros possam pensar a seu respeito. Não dê tanta importância às supostas avaliações que os outros farão a seu respeito. Seja "mais você".

A irritabilidade e a intolerância não levam a nada, apenas desgastam energias que poderiam ser mais bem empregadas na conquista de uma situação melhor. Não exija dos outros atitudes que eles são incapazes de ter. Faça sua parte e respeite o limite dos outros.

MAGREZA
Sentir-se desamparado.

Metafisicamente, as pessoas magras ultrapassam todos os seus limites em prol das realizações. Vivem em função de alcançarem resultados promissores de sua atuação na realidade. Quando solicitadas a colaborar com alguma atividade, sentem-se compromissadas a participar. São responsáveis e buscam alcançar o máximo de eficiência.

Não possuem boa consideração de si próprias e ficam constrangidas com a presença de alguém quando estão realizando alguma atividade. Dependem da aprovação dos outros, por isso não se desembaraçam para agir livremente nas atividades. Buscam fora aquilo que não reconhecem existir em si mesmas.

Raramente conseguem concretizar os objetivos. Quando o fazem, é porque insistiram muito, tiveram de exagerar nas ações para alcançar poucos resultados. Quando são desafiadas ou mesmo indagadas, não sabem posicionar-se em sua própria defesa. Tendem a se colocar na condição de vítimas, esperando que os outros se mobilizem em seu auxílio; se o fizerem, reforçam ainda mais sua fragilidade e insegurança.

Têm dificuldade de interagir com o meio, principalmente com as pessoas. Sentem-se inferiores, inadequadas, e fogem disso dedicando-se exageradamente às atividades. Procuram realizar feitos grandiosos, para que suas obras as promovam, resgatando sua dignidade e conquistando o respeito de todos que as rodeiam.

Querem sempre mais do que são capazes de alcançar. Agem de maneira ansiosa, comprometendo seus afazeres. Fazem tudo ao mesmo tempo, comprometendo a qualidade de suas ações.

As pessoas que estão abaixo do peso precisam acreditar mais em si mesmas, considerar sua capacidade realizadora, executar suas obras objetivando os bons resultados, e não precisam provar aos outros que são eficientes para angariar consideração e respeito. A reformulação interior, além de proporcionar bem-estar, também colabora para solidificar os empreendimentos, favorecendo os resultados concretos obtidos por meio de nossas ações.

PARATIREOIDES
Segurança interior e crença em si mesmo.

Paratireoides são quatro pequenas massas de tecidos arredondadas, compostas de dois pares de pequenas estruturas ovóides, localizadas logo atrás da glândula tireoide, uma de cada lado de seus pólos superior e inferior. Dentre as funções dos hormônios das paratireoides, destacam-se a ajuda para ativar a vitamina D e o aumento da absorção de cálcio e fosfato por parte do intestino delgado para o sangue. Promove o equilíbrio dos níveis de cálcio flutuante no sangue.

No âmbito metafísico, as paratireoides representam a manifestação da consistência interior, fé e segurança. Essas qualidades são imprescindíveis para o bom funcionamento das glândulas, que, por sua vez, equilibram importantes atividades corporais.

Procure crer em si mesmo e em sua capacidade realizadora. Confie nos processos existenciais, que garantem a chance para o sucesso. As satisfações positivas obtidas por meio das vitórias devem ser os principais objetivos de suas ações; não queira provar aos outros que você é eficiente. Toda e qualquer tentativa nesse sentido representa insegurança e falta de apoio a si próprio, porque quem crê em si não depende de aprovação e sim realiza aquilo de que gosta, faz sua parte, executando as tarefas pertinentes às próprias escolhas ou mesmo aos compromissos assumidos.

É desconfortável tentar provar às pessoas que somos bons o bastante. Isso exige muito empenho, desgastando energia que poderia ser direcionada para as novas conquistas. Além disso, quebra a harmonia do ambiente. A insistência e o exagero em evidenciar aquilo que promove certo destaque perante aqueles que nos cercam, mais incomodam do que acrescentam conteúdos positivos aos outros. Atitudes dessa natureza, em vez de aproximarem as pessoas, distanciam-nas.

A falta de confiança e fé em nós mesmos faz com que nos tornemos inconvenientes. Perdemos o senso de integração com o ambiente, passamos a agir de maneira desenfreada, sem coerência nem respeito a nós mesmos ou ao próximo.

Outra atitude que expressa a fragilidade interior é aquela em que a pessoa adota um conteúdo externo como sendo uma verdade absoluta. Engaja-se em movimentos, filosóficos ou mesmo religiosos, achando que descobriu o único caminho para a realização. Quer divulgar isso para qualquer um que se aproxime, em especial para os que estão mais próximos, como os familiares e amigos. Torna-se fanática pelos princípios aprendidos, conduz sua vida exatamente como aprendeu ser correto. Também induz os outros a adotar semelhante crença.

O fanatismo é comum nas pessoas com baixa autoestima. Elas adotam uma causa e sentem-se fortalecidas com aquilo que passa a ser o principal eixo de sustentação interior.

Tudo que for profundamente integrado ao ser ou incorporado pela pessoa passa a fazer parte de sua vida de maneira harmoniosa. Não se cometem exageros em nome das crenças, tampouco se tumultua o ambiente com insistências. Também não se desrespeitam os outros querendo impor-se suas verdades.

Quando a pessoa acredita, ela é tomada por algo que vem da alma e preenche o universo consciente com a mais absoluta certeza. A fé dispensa qualquer exagero. A convicção é tão grande, que aquilo em que acreditamos se torna totalmente possível de ser alcançado. Esse estado interior exala no meio e transforma o ambiente, tornando-o extremamente favorável a nós. Contrária ao fanatismo que depende de constante insistência da pessoa, a fé é uma condição que se manifesta por si só, criando perspectivas favoráveis a nossos intentos.

Crer é a capacidade de concretizar aquilo que for idealizado.

Por fim, a condição interior é definida pelos conteúdos emocionais e não pelas conquistas materiais. O sucesso depende do estado em que a pessoa se encontra, tanto para conquistá-lo, quanto para mantê-lo. Apoiar-se em si mesmo representa um importante suporte interior para garantir a realização pessoal.

O melhor da vida é conquistado por aquele que dá o melhor de si e empenha nas tarefas todos os recursos, os quais incluem a dedicação e a criatividade.

O estado interior não é definido pelas conquistas materiais propriamente ditas, mas sim pela maneira como lidamos com aquilo que temos. Usar os bens materiais para fortalecer a autoestima, autoafirmar-se ou inferiorizar os outros, exibindo aquilo que conquistamos, demonstra imaturidade. Agir assim retarda o aprimoramento interior que também ocorre pelos processos existenciais.

SUPRARRENAIS
Atitude audaciosa e desbravadora.

Suprarrenais são duas glândulas localizadas sobre os rins. Cada uma se divide em duas regiões: *córtex suprarrenal* (camada externa que reveste a glândula) e *medula suprarrenal* (parte interna). Cada região produz diferentes hormônios.

Dentre os diversos tipos de hormônios e suas variadas funções, iremos desenvolver a relação metafísica de apenas alguns deles.

A adrenalina, por exemplo, representa cerca de 80% do total da secreção da glândula suprarrenal e é mais potente que a noradrenalina. Em combinação, esses dois hormônios são, em grande parte, responsáveis pela resposta de defesa nas condições de emergência, como fadiga, frio, calor e dor, bem como choques e emoções intensas, como medo, raiva e cólera. Colocam o corpo em estado de alerta, preparando-o para atacar ou fugir. As situações ameaçadoras podem ser reais ou imaginárias, acionadas pela forma como interpretamos os episódios ao nosso redor.

O que determina nossa reação aos acontecimentos não são os fatos em si, mas sim a maneira como interpretamos aquilo que vemos. Muitas vezes imaginamos estar cercados por situações de risco, porém isso não condiz com a realidade dos fatos. O corpo não distingue entre realidade e ilusão; ele responde de acordo com nossa avaliação. Se acharmos que existe perigo, para revidá-lo reagiremos de maneira intensa e imediata.

Mesmo a interpretação errônea de uma situação nos deixa apreensivos e provoca o estresse. Para evitar esse transtorno, é preciso agir com certa imparcialidade, investigar melhor as ocorrências e não se precipitar nas conclusões.

O transtorno disso é imediatamente percebido no corpo, que fica em estado de choque, causando um grande desgaste físico e psicológico.

Somos propensos a interpretar tudo que nos cerca de acordo com nossa maneira de ver. Os conteúdos internos, como as crenças, aquilo que valorizamos, são os fatores fundamentais para determinar o que acontece à nossa volta. Muitas vezes nos iludimos por uma interpretação errônea da realidade, provocada por nossos desejos ardentes ou mesmo por nossa falta de consistência interior.

Se não estamos seguros na relação afetiva, por exemplo, facilmente vamos nos sentir ameaçados por alguma pessoa que se aproxima de nosso amor. Achamos que ela está querendo competir conosco. Por outro lado, os desejos intensos nos tornam cegos diante de situações perigosas. Por exemplo, queremos com tanta intensidade ter um amigo, que não percebemos os abusos e a falsidade dessa pessoa que está ao nosso lado.

Muitas vezes, as reais necessidades passam despercebidas, enquanto as situações que não oferecem riscos fazem-nos sentir ameaçados. Nem sempre interpretamos corretamente aquilo que nos acontece. Pode ser que tudo não passe de um mal-entendido, principalmente entre as pessoas que vivem em conflitos. Se cada um ponderasse melhor e saísse de suas limitações, conseguiria entender além do fato em questão; talvez até admitisse ter-se equivocado na avaliação dos episódios.

O maior mal dessas interpretações errôneas é o desgaste que isso provoca na própria pessoa. O estado de apreensão eleva os níveis de hormônios causadores do estresse, podendo até prejudicar a saúde.

O **estresse** é um dos maiores males da modernidade. Ele não é contraído por meio de substâncias externas, mas sim por um conjunto de reações do próprio organismo às agressões físicas ou preocupações exageradas.

Uma das principais substâncias do organismo causadoras do estresse é o hormônio **cortisol**. Trata-se de um hormônio indispensável à sobrevivência humana. Discreto, age em diversos órgãos e tecidos, sendo essencial ao metabolismo. A alta concentração desse hormônio pela manhã nos faz acordar com disposição física para realizar as atividades do dia.

No âmbito metafísico, esse estado corporal surge em consequência de nossa opção pela vida e a determinação em realizar aquilo que nos cabe. A atitude favorável à execução das tarefas e a participação no cenário em que vivemos faz com que acordemos dispostos e com energia, mesmo para as atividades exaustivas. Tudo depende de nossa predisposição. Metafisicamente, é ela que determina o nível do cortisol na corrente sanguínea pela manhã.

Quando precisamos ter muita atenção, as suprarrenais liberam o cortisol, a adrenalina e a noradrenalina. A combinação desses três hormônios disponibiliza o máximo de energia para que cérebro e músculos lidem com as situações de risco, sejam físicas ou psicológicas.

As condições físicas responsáveis pelo estresse são aquelas que exigem o máximo de atenção, precisão nos movimentos e ofereçam elevado risco. Algumas dessas modalidades são os esportes radicais, direção perigosa, reações rápidas no trânsito, etc.

O estresse emocional é o mais frequente. Ele ocorre pela maneira como a pessoa vivencia os processos existenciais. As incertezas geradas pelas súbitas mudanças que invadem nossa vida cotidiana causam certa instabilidade quanto aos resultados que pleiteamos. Nunca temos certeza de nada antecipadamente; a vida é uma eterna aventura que exige astúcia, coragem e determinação.

Para vencer os obstáculos, é necessário muito talento, confiança na própria força realizadora e um espírito aventureiro. Nossas ações atraem oportunidades que possibilitam a realização daquilo que almejamos. Tudo será definido mediante as ações praticadas. Os resultados vão depender de como são realizadas as atividades. Portanto, nada pode ser determinado com precisão antes de ser realizado. Por não saber de antemão quais resultados vamos obter, ficamos apreensivos e muitas vezes inseguros. Saber lidar com isso sem se estressar é um dos maiores desafios dos tempos modernos.

Vivemos constantes agitações interiores e muitas tensões em relação ao meio exterior. A instabilidade no trabalho, algumas crises afetivas, decepções, estados de alerta, etc., tudo isso são fatores que causam o estresse. Na verdade, não são bem esses episódios mas sim a maneira como nós os encaramos. A falta de confiança em nós mesmos e nos processos da vida que promovem os desfechos favoráveis ao nosso aprimoramento causa-nos grande tensão e medo do futuro.

É preciso confiar mais e preocupar-se menos, fazer tudo que nos cabe, mas sem aquela fúria de querer soluções imediatas; deixar as coisas se acomodarem enquanto realizamos aquilo que podemos; não permitir que a ganância provoque tanto desconforto, levando-nos ao desespero. Somente assim o estresse não virá com tanta frequência, evitando tornar-se um estado crônico, que causa tantos prejuízos à saúde. Em seu devido tempo, as necessidades serão sanadas, evitando-se maiores transtornos.

Segundo a óptica metafísica, todo o organismo é regulado por aquilo que sentimos. As condições internas praticamente se resumem às nossas emoções, que são fatores determinantes na coordenação das funções corporais.

Os estados emocionais regulam as secreções dos hormônios das glândulas suprarrenais, como o fazem em todo o corpo. Nessas glândulas, porém, as emoções causam respostas orgânicas imediatas. Estimulam a secreção de hormônios, que estabelecem condições físicas condizentes com aquilo que sentimos.

Por serem as suprarrenais um dos órgãos que respondem mais rápido às emoções, convém compreender, nesta parte dos estudos metafísicos, os aspectos relacionados a essa importante condição interna que determina a saúde ou a doença.

Somos impulsionados por forças interiores que se originam do âmago do ser (o inconsciente). Essa fonte inesgotável fornece energia para o corpo. Ela manifesta os conteúdos, que se tornam conscientes, sendo percebidos em forma de sentimentos, como o amor, a saudade, etc. Eles são uma espécie de leme que estabelece as diretrizes de nossa existência. É com base neles que fazemos nossas escolhas, nos aproximamos ou nos distanciamos de alguém ou de situações da vida. Eles definem o tipo de reação que vamos ter perante os episódios do meio externo.

Quando os sentimentos se manifestam no corpo, provocando alguns tipos de reações, como sorrir, chorar, ter o ritmo respiratório alterado, tornam-se emoções. Elas representam a expressão daquilo que sentimos.

As emoções são responsáveis pelos processos somáticos. Elas transferem para o corpo nossos sentimentos. Portanto, sentir-se bem interiormente fará com que o corpo permaneça saudável; já os maus sentimentos geram emoções nocivas à saúde.

As emoções são muito abrangentes; elas praticamente definem nossa manifestação na vida. Existem emoções agradáveis, como as causadas pela simpatia, ternura, afetividade, etc., e também as que provocam sensações ruins, como a tristeza, a raiva, o medo, etc.

O medo, por exemplo, é um dos estados emocionais desagradáveis mais frequentes entre as pessoas. Trata-se do sentimento de grande inquietação diante de um perigo real ou imaginário que ameaça a integridade física ou compromete o bem-estar. Refere-se a um mecanismo de defesa que nos põe em alerta para revidar qualquer situação de risco iminente.

Naturalmente, o medo é condição necessária para manter a atenção aos perigos que nos cercam. Ao mesmo tempo, ele garante uma resposta imediata, com a agilidade e a destreza que certas situações exigem.

Entre tantas reações viscerais que esse estado provoca, a secreção da adrenalina é a principal delas. Os níveis desse hormônio sobem drasticamente na corrente sanguínea, promovendo uma condição fisiológica de extremo alerta e preparo para atacar ou fugir daquilo que se apresenta de forma assustadora.

Os medos reais são aqueles causados por algum perigo externo, relacionados aos acontecimentos presentes, que justificam as intensas reações fisiológicas. Como, por exemplo, ser surpreendido por um barulho estrondoso, estar sendo seguido por alguém suspeito, encontrar-se num lugar muito alto ou fechado, estar diante de animais ou insetos que nos atemorizam, etc.

Já os medos imaginários criam situações que não existem, preparando o corpo para um falso combate. Isso gera uma tensão constante, que é a principal causa do estresse, podendo ocasionar outros danos à saúde.

Esses tipos de medo são causados pelas interpretações errôneas do que acontece ao nosso redor. Vivemos alertas e preparados para o pior; assim, qualquer indício de problema transformamos em fortes ameaças. Estar apreensivos é uma condição muito desagradável, pois vemos perigo onde não existe e ficamos receosos com coisas que não justificam tanta preocupação.

Também as perspectivas ruins em relação ao futuro provocam um estado de alerta em relação às situações que ainda não aconteceram. Geralmente, nossas previsões são as piores possíveis. Isso nos faz temer por antecipação algo que talvez nem aconteça. Mas o fato de imaginar e sentir isso como se fosse verdadeiro causa-nos um desgaste tão grande quanto deparar efetivamente com aquilo que nos assusta.

Temer por antecipação algo ruim é pior do que vivenciar tais episódios, sem contar que muitas vezes é um desgaste em vão e não ajuda em nada. Ao contrário, deixa-nos tão estressados, que na hora de atuar na situação não contamos com a energia necessária para um bom desempenho, que garantiria os melhores resultados.

Há outro fator a ser considerado nessa previsão desastrosa do futuro. Quando nos preocupamos com algo, dirigimos nossas atenções para aquilo e, consequentemente, canalizamos energias, atraindo o que tememos. Portanto, a melhor atitude para evitar que as coisas desagradáveis ocorram é não se preocupar tanto com elas, fazer o necessário para que tudo dê certo, mas não transformar precauções em neuroses. É investigar as perspectivas favoráveis, confiar nos processos da vida, bem como na capacidade de lidar com o inesperado, e conquistar resultados promissores.

Os medos imaginários também podem ser fruto de nossos traumas. Geralmente, quando uma situação representa algum tipo de ameaça que não procede, ela lembra episódios ruins do passado. A projeção, para a realidade presente, daquilo que não foi bom anteriormente torna os fatos assustadores. Para evitar que esses "fantasmas" do medo continuem nos assombrando, é preciso que nos desprendamos dos velhos modelos e adotemos novas atitudes.

Não devemos permitir que os temores contenham nossos impulsos, reprimindo a manifestação na vida. Para sermos realizados e felizes, precisamos manter o espírito desbravador, desvendando o desconhecido em busca de novos horizontes. Tudo que é novo e ainda não foi devidamente explorado causa-nos espanto. Não se deixar vencer pela obscuridade permite que ampliemos nosso universo de atuação, conquistando um mundo melhor. Agir com cautela diante das situações perigosas é uma atitude coerente, mas reprimir o fluxo da coragem impede que nos tornemos vencedores.

Uma pessoa vitoriosa não é aquela que está isenta do medo, mas sim alguém que, mesmo com seus temores, enfrenta as situações delicadas tirando proveito daquilo que parecia impossível.

Todos temos chances, mas somente os corajosos vencem, pois eles não se deixam abater pelas incertezas, desvendam os mistérios, alcançando o que parecia ser inacessível. A vida proporciona algumas oportunidades, porém o principal ingrediente para o sucesso é a coragem. Quem não se aventura, tentando alcançar seus objetivos, jamais sentirá o prazer da conquista.

Procure explorar cada vez mais a realidade, descortinando os mistérios, vencendo as barreiras dos medos, para atingir novos trajetos de vida. Para tanto, é necessário crer na própria força realizadora e apostar em seu talento, que a vitória será uma consequência natural.

Muitas vezes, desistimos antes de tentar. Perdemos a chance de descobrir o que haveria por trás dos obstáculos. Quando estivermos novamente diante de um desafio, lembremos que a vitória está ao nosso alcance. Ela poderá ser descortinada daquilo que nos cerca e, até mesmo, de algo assustador. *Não temer enfrentar os desafios impostos pela vida nos tornará vencedores.*

Por trás de um grande desafio repousa nosso maior talento. Geralmente, aquilo com que temos dificuldade para lidar surge com muita frequência. Isso representa uma solicitação da vida para atuarmos naquela área. Se pararmos de resistir e nos dedicarmos a ampliar os próprios limites, superando as barreiras, descobriremos potenciais inimagináveis.

Tudo é possível para quem se permite tentar. Entre os acertos e os desacertos, norteamos nosso fluxo pela vida rumo ao sucesso e à realização pessoal. O medo é uma atitude cautelosa; ele jamais deve ser um bloqueio, impedindo a manifestação de nossos potenciais. Ser destemido e audacioso é preservar nosso espírito aventureiro, que garantirá muitas conquistas durante a arte do viver.

CONSIDERAÇÕES FINAIS

Durante todo o capítulo do sistema endócrino, pudemos observar a importância da condição interna regendo a secreção de hormônios que mantêm as atividades corporais, discretos porém imprescindíveis para a saúde física. A maioria deles não sinaliza de imediato as variações indevidas em suas taxas. É necessário um tempo para perceber os reflexos de um desequilíbrio hormonal no corpo.

Analogamente a isso, no âmbito metafísico existe uma condição discreta, porém determinante, tanto para a saúde física quanto para resultados promissores na realidade em que vivemos. Trata-se de nosso estado interior, que é formado pelos sentimentos que cultivamos. Além de servir de fonte para nossas ações, os sentimentos mobilizam situações externas compatíveis com nossa condição emocional.

Geralmente não percebemos a importância de cultivar boa condição interna. Envolvemo-nos de maneira tão intensa com os afazeres, que ficamos displicentes quanto ao estado emocional, quando na verdade é ele que determina o curso de nossa existência.

A vida é composta por sucessivos acontecimentos que, embora externos, se originam dentro de nós mesmos. De alguma forma, conspiramos a favor de todos os episódios que nos cercam. Sejam eles bons ou ruins, nós os atraímos. Estar mal consigo mesmo, ou desesperado, dificulta o bom desempenho, minando as chances de sucesso. Já o bom astral age positivamente na conquista de nossos objetivos.

Gradativamente, as situações externas vão se encaixando de acordo com aquilo que sentimos. As oportunidades surgem, descortinando os caminhos para nossa existência. A realidade vai-se adequando aos valores internos. Eles são muito importantes para definir os resultados que obteremos. Zelar por manter nosso astral elevado, com positividade, serenidade e fé, é uma forma de investir também no sucesso profissional.

Diretamente, as atividades desempenhadas por nós não exigem que estejamos nos sentindo bem para executá-las. Em geral, as pessoas pensam que é só estarem presentes e realizarem suas incumbências. Mas não é bem assim. O estado interior produz boas energias, atraindo melhores condições de trabalho.

Não basta o empresário, por exemplo, desempenhar algumas funções dentro da empresa; é necessário que ele mantenha os acordos comerciais e conquiste novos clientes para continuar com seu empreendimento. Além de o comerciante abrir as portas de seu estabelecimento, ele precisa atrair as pessoas para adquirir seus produtos. O empregado tem uma carga horária para cumprir e tarefas destinadas à função que ele desempenha; para progredir na carreira, porém, ele depende de algo que vai além da eficiência no trabalho. Não basta os taxistas de uma grande cidade pegarem seus veículos e saírem rodando pelas ruas; eles precisam passar onde está um passageiro aguardando um táxi.

Todos esses casos revelam a importância da condição interna durante o exercício das profissões. Se tivéssemos consciência de quanto esse estado se propaga além dos horizontes de atuação, transcendendo o tempo e o espaço, nos dedicaríamos em manter constantemente a serenidade interior, pois, assim, atrairíamos oportunidades futuras ou mesmo alternativas que viriam de outros locais, não exatamente de onde atuamos.

Para atrair bons resultados, devemos cultivar sentimentos harmoniosos, não nos deixar invadir pelo desespero e não vibrar negativamente. Disso dependem nossa carreira, nosso futuro e, principalmente, nossa felicidade, os quais advêm da atuação com prazer e satisfação em qualquer tarefa cotidiana.

Como se vê, tudo depende de nós mesmos. É acionar os próprios recursos existenciais, como as habilidades, a disposição para enfrentar os desafios, etc., além de preservar as atitudes saudáveis, como a serenidade, a fé em nosso potencial realizador, que conquistaremos uma realidade promissora.

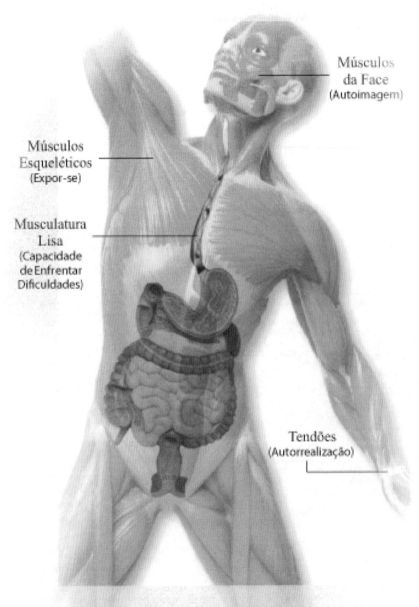

SISTEMA MUSCULAR

Os músculos constituem cerca de 40% a 50% do peso do corpo. Sua ação consiste em contração e relaxamento, disso resultando os movimentos. Desempenham quatro funções básicas: produzem os movimentos do corpo; movem substâncias no interior do organismo, como o sangue por meio dos batimentos cardíacos, os alimentos no trato digestivo pelos movimentos peristálticos, etc.; fornecem estabilidade, mantendo a postura corporal e regulando o volume dos órgãos; geram calor para manter a temperatura normal.

Existem três tipos de tecidos musculares. São eles: o músculo *esquelético*, que se encontra fixado principalmente em ossos, cuja função consiste em mover o esqueleto; o músculo *cardíaco**, que forma a maior parte da parede do coração; e a musculatura *lisa*, que está localizada nas paredes dos órgãos internos de estruturas ocas, como os vasos sanguíneos, o estômago e os intestinos.

Os músculos esqueléticos são voluntários, ou seja, a ação de contrair ou relaxar está sujeita ao controle consciente. A estrutura funcional desse tipo de musculatura é composta

---

*Os músculos cardíacos não serão abordados neste capítulo porque se referem às atividades do *coração*, que se encontram devidamente expressas no *volume 2* desta série (capítulo do *Sistema Circulatório*).

111

em pares opostos; enquanto um músculo do par se contrai, o outro relaxa, causando o deslocamento da articulação e produzindo os mais variados movimentos do corpo.

Os movimentos traduzem as principais sensações de vida. Refletem os impulsos de ação, possibilitando nossa expressão no ambiente. Manifestam a vontade de agir nas situações, permitindo-nos a agradável certeza de existir e poder fazer algo no meio externo. No âmbito metafísico, os músculos refletem a arte de realizar aquilo que almejamos e o poder de nos mover em busca dos objetivos, acessando o potencial de ação no sentido de conquistar aquilo que idealizamos. À medida que agimos, criamos uma força de atração que nos aproxima das soluções.

A oportunidade surge para aqueles que se põem a realizar sua parte na situação, fazendo o que podem, da maneira que sabem. É durante a trajetória que se aprimoram e desenvolvem os potenciais, possibilitando alcançar os resultados promissores na vida. Inicialmente, ninguém se sente totalmente apto para ser bem-sucedido numa área de atuação. À medida que vai se envolvendo com as atividades, aperfeiçoa-se naquela área e desenvolve os potenciais necessários para concluir a tarefa. Pode-se dizer que a habilidade advém das realizações, portanto só é hábil quem realiza.

Esperar ter toda a capacidade para depois agir não é apenas uma medida de cautela e responsabilidade, mas sim falta de coragem de se expor perante os outros. Protelar o início das atividades é deixar-se vencer pelo medo do fracasso. Essa medida revela a maior das derrotas, que é não se valer do direito de tentar. *Quem não se sujeitar a cometer erros, perde a chance de acertar.*

Somente aquele que se propõe na esfera da realização descobre os caminhos incertos e aprende com os próprios desacertos. Isso faz com que redirecione suas ações, aumentando a oportunidade de sucesso. Não se sujeitar à possibilidade de cometer algum erro significa negar a oportunidade de aprender, e não tornar-se gabaritado a ser um vencedor.

Metafisicamente, os músculos expressam nossos sentimentos em relação à atuação na vida. Eles representam uma espécie de instrumento manifestador das vontades próprias. Transferem para o corpo a capacidade realizadora do ser. Representam o potencial de transformar a realidade, que só é possível por meio da interação com os acontecimentos externos. Ao agir, não apenas produzimos movimentos corporais como executamos os conteúdos latentes na alma, que afloram no meio em que vivemos.

As ações plantam no mundo exterior as nossas vontades. À medida que realizamos algo, nos lançamos na esfera das oportunidades. Movemos forças energéticas que conspiram a favor daquilo que estamos implantando na realidade. Nem os melhores planos se comparam ao potencial de um gesto. Quando movemos as forças musculares, dirigindo-as para um objetivo, ali depositamos as mais densas energias que expressam a manifestação de um ser na vida.

O sentido da vida seria bem diferente se não pudéssemos agir em resposta aos estímulos externos. Dois fatores são básicos para nossa existência no ambiente. Um deles é a capacidade de identificar os sinais, como ver, ouvir, etc.; o outro é mover-se em meio àquilo que nos circunda.

Caso não houvesse possibilidade de movimentação corporal, as sensações de vida não se manifestariam com a mesma intensidade, muito menos haveria um elo tão forte com a realidade. A indiferença e omissão prevaleceriam. No entanto, a musculatura representa importante fator de integração com o ambiente, fazendo-nos sentir presentes e atuantes na vida. Constantemente manifestamos ímpetos de ações que se dirigem para o meio que habitamos.

Nossos impulsos realizadores são espontâneos e emergem indiscriminadamente em direção a tudo que nos rodeia. A criança é um exemplo disso: ela quer mexer em tudo, pegar o que vê, tomar para si o que é bonito. Os pais, por sua vez, orientam-na acerca do limite que ela precisa ter de atuação na casa entre os familiares. Sem essa educação, ela cresce achando que pode tudo, sem respeitar os direitos dos outros.

Incumbidos de desenvolver um senso de direitos e deveres, os pais se desgastam pelas inúmeras vezes que precisam dizer: "Deixe aí, não é seu"; "É do amigo, espere ele dar a você"; "Brinque com o que é seu e não pegue o que é do outro"; "Peça emprestado e não tome sem permissão"; por fim, a frase mais pronunciada na educação: "Quantas vezes eu já disse para não mexer nisso?"

É difícil para a criança não fazer o que tem vontade, na hora que quiser. Desenvolver um senso de vida em grupo não é uma tarefa fácil. Requer empenho para dosar os impulsos e administrar a força realizadora da criança. Elas precisam aprender que não estão sempre sozinhas, por isso suas vontades precisam submeter-se às possibilidades que o ambiente oferece. Nem sempre será possível fazer exatamente o que se pretende, na hora que bem quiser. Tudo é questão de averiguar se é conveniente e medir as consequências das próprias ações.

A maior parte dos indivíduos adultos já aprendeu muito bem essa matéria, até em demasia. Geralmente embute suas vontades, rendendo-se aos empecilhos que encontra na realidade ou às tendências desfavoráveis daqueles que o cercam. Parece que se baseia mais nas situações externas do que naquilo que sente interiormente.

Desde criança fomos incentivados a olhar para fora e dar prioridade aos fatores externos. Com isso, dificilmente agimos por conta própria. Costumamos buscar apoio nos outros para realizar aquilo que é pertinente a nós mesmos.

Como mecanismo para sermos aprovados, justificamos em exagero nossas ações, perguntamos a respeito daquilo cuja resposta já sabemos. Essa é uma maneira de nos sentirmos mais seguros antes de agir.

Comprometemos a originalidade quando nos atrapalhamos na presença de alguém enquanto realizamos nossas tarefas. Quando ficamos desconcertados perante os outros, significa que focalizamos muito o externo e desconsideramos os fatores internos. Não respeitamos nossas vontades, tampouco confiamos em nossa capacidade realizadora.

É certo que o ambiente externo é o objetivo de nossas ações, mas ele não representa a razão maior daquilo que fazemos. Os resultados promissores são aqueles que proporcionam a realização pessoal. Visamos a ser bem-sucedidos naquilo que fazemos, porém a sensação do dever cumprido deve ser o principal motivo de nossa atuação na vida.

A autoconfiança gera uma força motriz que estimula a musculatura, dando-nos a disposição necessária para executar tanto as tarefas rotineiras quanto os feitos inusitados. Uma pessoa confiante não esmorece diante dos obstáculos; põe-se a planejar um meio para transpô-los. Age com determinação, tornando-se bem-sucedida. Portanto, centrar-se em si mesmo para determinar a atuação no mundo representa um importante ingrediente para o sucesso e a realização pessoal.

Além dos ímpetos de ação direta na situação, a musculatura reflete também a intenção de fazer algo. A simples vontade de agir gera impulsos nervosos que atingem a musculatura, contraindo-a, como uma espécie de simulação de movimentos. A metafísica considera esse estado interior como importante fator de avaliação da condição muscular.

A preocupação excessiva com os afazeres ou mesmo o desejo ardente de realizar algo são fatores estimulantes para os músculos, causando a tensão. Consequentemente, o desgaste é maior que o próprio fluxo pela situação. Ficamos exaustos pela maneira como executamos as atividades. O cansaço torna-se maior quando somos tomados por inquietação, que nos desloca do presente, causando uma agitação interior que se reflete negativamente na musculatura.

Ao adotar uma atitude integrada àquilo que praticamos, obtemos melhores resultados. Concentrar-se nas ações e dedicar-se às tarefas são atitudes que integram nossas forças na realização daquilo que estamos praticando. Essa postura tanto poupa energia quanto garante maior aproveitamento do que fazemos. Já a atenção dispersa promove desgaste e compromete os resultados, diminuindo a produtividade.

O mesmo se aplica à prática de esporte. Prestar atenção aos exercícios favorece o desenvolvimento da musculatura, contribuindo para modelar o corpo. No entanto, a dispersão ocasiona a perda de rendimento, exigindo mais atividade para pouco resultado.

A concentração na hora de "malhar" acrescenta a força do pensamento, que direciona estímulos para aquela região do corpo, promovendo melhores resultados. Um exemplo disso são os esportes orientais: eles são acompanhados de muita concentração integrada aos movimentos.

Existem fatores fundamentais para o desenvolvimento muscular: compenetração, assiduidade e disciplina. Sem esses três ingredientes, qualquer prática esportiva fica prejudicada, comprometendo os resultados que poderão ser obtidos pelas pessoas que se dedicam a exercitar a musculatura.

Naturalmente as atividades físicas absorvem nossa atenção. É fácil compenetrar-se nelas, pois a intensidade dos movimentos favorece a concentração. Mas existem certos problemas que deslocam a atenção na hora em que estamos realizando alguma tarefa ou praticando algum esporte. Isso deve ser evitado, para não prejudicar o desempenho.

Os músculos são especializados em responder aos estímulos mentais, gerando os movimentos. Quanto mais estimulados eles forem, mais aptos se tornarão, ou seja, conforme usamos a musculatura, aumentamos o vigor físico. Por outro lado, a ausência de movimentos atrofia os músculos. A saúde muscular depende das atividades físicas. Quanto mais atuamos, maior será o desempenho corporal.

A movimentação do corpo representa uma fonte de energia. O próprio calor gerado pelas atividades físicas demonstra essa manifestação energética. Assim, além do calor liberado pelos músculos em ação, outras energias são produzidas, criando um campo de força que torna determinada região do corpo mais envolvente, chamando a atenção dos outros e até despertando a atração.

É comum, ao iniciarmos exercícios para modelar a musculatura, ela já ganhar realce e ficar em evidência antes mesmo de variar o volume. Surgem comentários sobre aquela parte do corpo, como se houvesse alguma alteração, quando na verdade as medidas ainda não mudaram, continuam as mesmas. Esse é um dos efeitos energéticos ocasionados pela ação muscular. A concentração de forças energéticas numa região do corpo desperta a atenção dos outros e nossa própria apreciação e autoaceitação do corpo.

Caso exista uma parte do corpo que o incomoda, como uma "barriguinha", por exemplo, experimente iniciar uma sequência de exercícios. Você verá que, antes mesmo de a barriga diminuir, sua relação com essa parte do corpo se tornará mais amistosa.

A própria atenção dirigida ao trabalho corporal é positiva para o bem-estar. De modo geral, quando damos ênfase a certa parte do corpo, ela ganha um realce especial. Isso tanto pode ser positivo quanto negativo.

O bom nisso é que aceitar as características, gostar do corpo, cuidar bem dele, exercitá-lo, manter o asseio, tudo isso faz com que ele se torne mais belo. No entanto, se houver algo que a pessoa eleja como repugnante nela, querendo esconder a todo custo — como uma marca ou mancha na pele, por exemplo —, aquilo ganha destaque e é imediatamente percebido pelos outros.

Não possuir boa aceitação de algo característico do corpo torna aquilo mais evidente, ocasionando frequentes desconfortos. Quando percebe que os olhares se dirigem para aquela região, a pessoa imediatamente se constrange, causando maior estranheza nos outros. Tudo que faz parte do corpo é proveniente de você; pode até não ser de sua preferência, mas, enquanto existir, precisa ser integrado como algo que compõe seu corpo.

Desse modo, fica mais fácil buscar alternativas para extinguir aquilo que não é de sua preferência. Mas, se for algo permanente e inalterável, como uma cicatriz, por exemplo, procure aceitar, integrando aquilo a você, deixando de encarar como um problema. Isso evita os constrangimentos e melhora sua condição emocional, favorecendo nas relações com o meio externo.

Portanto, exercitar a musculatura contribui positivamente para o estado emocional. Promove a descontração, eleva a autoestima, melhora a postura do corpo, tornando a pessoa mais segura e confiante na própria força. Esse estado interior contribui para as relações interpessoais, bem como para o desempenho no trabalho e na vida em geral.

A prática de esporte é saudável para o corpo e para a mente. Incentiva a determinação, a persistência e favorece o aprimoramento interior, promovendo o desenvolvimento tanto corporal quanto emocional.

E, ainda, enquanto a pessoa estiver envolvida com o esporte, não fica remoendo pensamentos torturantes. Ela se desliga das situações ruins do mundo externo e entra em contato com sua própria força. Cuidar do corpo favorece a integração consigo mesmo.

É importante considerar também que, de acordo com os tipos de exercício, são desenvolvidos fatores específicos da personalidade.

Exercícios que trabalham o *aumento da massa muscular* tornam as pessoas mais confiantes em si, principalmente perante os outros, pois lhes dão mais disposição, vigor e coragem para ir atrás de seus objetivos. O culto ao corpo é benéfico para despertar o amor-próprio. Ao vencer os limites do corpo, durante os exercícios, desenvolve-se a capacidade de superar os bloqueios perante a vida e as pessoas ao redor.

Quando se trata de uma pessoa dependente, esse tipo de exercício a torna mais autosuficiente, garantindo a ela maior iniciativa para agir em meio às turbulências da realidade. A prática excessiva desse tipo de modalidade também pode representar excesso de preocupação com as opiniões alheias e desejos inconscientes de ser aceito pelos outros. Geralmente isso ocorre com pessoas que não tiveram a devida atenção dos pais na infância; tornaram-se carentes e agora buscam se preencher com a aprovação dos outros por meio de um corpo escultural.

No tocante às *artes marciais e lutas em geral,* essas práticas encorajam as pessoas, desenvolvem a autoconfiança e aprimoram a agilidade, tornando-as mais hábeis para enfrentar os obstáculos e vencer os desafios existenciais. São uma espécie de preparação para vencerem barreiras na vida. São práticas das mais recomendadas para aqueles que se sentem submissos perante os outros, auxiliando também no complexo de inferioridade. Essas modalidades tornam as pessoas mais altivas e determinadas.

Por fim, os *exercícios de alongamento*, que desenvolvem os tendões, a exemplo da *natação*, prática do *balé*, etc., fortalecem a firmeza de caráter, tornando as pessoas mais decididas e determinadas a fazer o que gostam. São, portanto, recomendados para aqueles que são indecisos, que se deixam envolver facilmente pela opinião dos outros.

Como tudo que é feito em excesso tem seu lado negativo, essas modalidades também podem desencadear o egocentrismo, exagerada autosuficiência e uma personalidade muito rígida.

Para concluir essa ampla concepção metafísica dos músculos, convém salientar que o mais importante no que tange ao sistema muscular não é exatamente quais foram os resultados obtidos mas sim quanto conseguimos realizar, bem como a satisfação em relação ao que foi feito. A autoavaliação sobre nosso desempenho nas situações existenciais é fator significativo para a saúde da musculatura.

Até aqui foi discorrida a óptica metafísica da musculatura em geral. No entanto, de acordo com a parte do corpo onde estão localizados os músculos, existem algumas associações metafísicas a respeito dos principais músculos daquela região, como segue.

Músculos dos ombros e pescoço (trapézio). Metafisicamente, referem-se à capacidade de agir nas situações ao redor, tomar para si a incumbência de realizar o que é preciso, assumir a responsabilidade sobre aquilo que for feito por si mesmo ou pelos outros.

Os problemas nesses músculos, em geral, referem-se ao fato de a pessoa assumir de maneira exagerada aquilo que não lhe diz respeito, sentir-se responsável pela vida dos outros, persistir naquilo que não é de sua alçada, querer fazer tudo sozinha, não saber delegar funções nem dividir as tarefas, ter temor pelos insucessos de suas obras.

Músculos dos braços (bíceps e tríceps braquiais). Disposição para atuar nos afazeres, bem como sustentar-se naquilo que realiza. Vigor necessário para concluir as tarefas a que se propuser.

Os problemas surgem quando a pessoa esgota suas forças e, mesmo assim, não se rende à impossibilidade de fazer algo. Sente-se obrigada a manter-se naquilo que não tem fundamento. Resiste em "entregar os pontos" e partir para outros afazeres.

Músculos dos antebraços. Movem os pulsos, mãos e dedos (braquiorradiais, flexores e extensores radiais do carpo). Determinação para execução das tarefas, bem como para agir naquilo a que se propõe. Desembaraço e eficiência para concluir as atividades.

Os problemas estão associados a ter dificuldade de conclusão, sentir-se frustrado ou derrotado no trabalho, exigir muito de si para fazer aquilo que assumiu e perder a confiança em sua capacidade de ser bem-sucedido ao realizar aquilo que for de sua incumbência.

Músculos das costas (rombóides maiores, deltóides, serráteis anteriores e intercostais). Firmeza necessária para estabelecer objetivos e cumprir metas. Ser suficientemente capaz de se autosuprir.

Os problemas surgem quando a pessoa se arrepende de tudo que fez para manter-se nas situações, de quanto se dedicou no passado e, mesmo assim, foi em vão.

Músculos do peito ou tórax (peitorais). Manifestação dos sentimentos. Sentir-se apto a se colocar nas questões afetivas. Manter um relacionamento com as pessoas queridas.

Os problemas manifestam o desgaste pelo que precisou fazer para preservar uma relação ou mesmo arrependimento por tudo que foi feito para alguém que se mostrou ingrato.

Músculos da barriga (retos, oblíquos e transversos do abdome). Vigor para realizar o que gosta e tem vontade. Capacidade de ser livre.

Os problemas são decorrentes da frustração por não ter alcançado seus objetivos ou não ter atingido a felicidade.

Músculos das coxas (adutores, bíceps e reto femorais). Disposição para estabelecer suas bases de sustentação na vida e manter a segurança e o autoapoio. Não ter receio de agir perante os familiares.

Os problemas são gerados pela insegurança. Comprometimento das bases de sustentação econômica ou afetiva. Abalos familiares.

Músculos da parte inferior das pernas – panturrilhas (gastrocnêmios, sóleos, flexores e extensores). Empenhar-se para ser bem-sucedido na realidade em que vive. Lançar-se em novos rumos, bem como promover as mudanças necessárias para conquistar uma vida melhor.

Os problemas denotam medo dos novos rumos que a vida toma e contenção dos impulsos que promoveriam significativas mudanças de regras da convivência. Para não ferir a suscetibilidade dos outros, a pessoa reprimiu suas vontades de agir na realidade e alterar o curso dos acontecimentos. Por conta disso, arrepende-se por não ter agido no momento oportuno.

TÔNUS MUSCULAR
Persistência e tenacidade.

A palavra tônus significa tensão. Portanto, o tônus representa a contração parcial das fibras musculares, em tempos diferentes, num regime de recrutamento, quando se permanece por longos períodos numa mesma posição, sem fazer força, somente mantendo a postura corporal. Quando os músculos da nuca estão em contração tônica, por exemplo, isso impede que a cabeça caia para a frente, mas não oferece força suficiente para puxá-la para trás.

No âmbito metafísico, corresponde ao empenho e dedicação às atividades sem esmorecer nem ficar tenso ou ansioso, permanecendo na ativa e preservando a harmonia interior. Sentir-se bem consigo mesmo gera disposição para relacionar-se com o ambiente e executar com boa vontade as tarefas cotidianas.

O bem-estar é decorrente da crença em si mesmo e da confiança em obter resultados promissores naquilo que se realiza. Crer é fundamental para manter a paciência e a persistência. Saber esperar o momento propício para executar as atividades é uma sábia escolha, mas só consegue fazer isso quem mantém uma fé inabalável. Este não tem pressa e é coerente; não se agita em vão.

Aqueles que se autoestimulam a realizar aquilo que cabe exclusivamente a eles não dependem do constante incentivo dos outros. Fazem o que é preciso, sem ficar se exibindo para ser aplaudidos e obter a aprovação. Dedicam-se a aprender o que não sabem, para não depender tanto dos outros. São eficientes e bons realizadores. Enquanto outros ficam ensaiando as ações, aqueles as executam sem fazer alarde.

Metafisicamente, ter bom tônus muscular é ser disposto, dedicado, eficiente e bem relacionado com aqueles com quem convive. Essas qualidades existenciais são reflexos da saúde física. Estar em boa forma proporciona disposição para envolver-se com as atividades. Quando o corpo responde bem a nossas vontades, ficamos mais animados para interagir com o meio. Ser sadio é uma questão de manter um estilo de vida agradável, ser animado a envolver-se de maneira amistosa com aquilo que nos cerca.

Já o prejuízo à saúde, em especial a perda do tônus muscular, reflete as sucessivas decepções que abalaram a firmeza em si mesmo e na vida.

DORES MUSCULARES
Ferir-se por aquilo que fez ou deixou de realizar.

Inúmeros eventos podem ocasionar dores na musculatura, desde atividade física excessiva até ocorrências mais graves, como lesões, infecções, etc.

O âmbito metafísico desse sintoma refere-se a um processo de autoagressão provocado pelo arrependimento daquilo que a pessoa fez sem ter obtido bons resultados ou, ainda, daquilo que não pôde realizar.

Movidos pela empolgação, somos levados a praticar certas ações que não revertem em benefícios, tornando gestos em vão. Para que algo seja bem aproveitado, deve ser realizado em comunhão com nossos sentimentos. Passamos a agir por impulsos, e isso compromete a qualidade de nossas ações, evitando a implantação de resultados promissores.

Apesar de ficarmos chateados pelo fracasso, o fato é que conspiramos para esses insucessos. Talvez seja por isso que eles nos frustram tanto. É que no fundo sabemos que poderíamos ter feito melhor, mas não fizemos o suficiente para sermos bem-sucedidos.

Aqueles que se tolheram e não fizeram o que podiam ficam amargurados por ter perdido a chance. Eles experimentam o pior dos fracassos, que é o arrependimento por não ter feito algo quando houve oportunidade. Passam a remoer essa frustração e não se perdoam por terem reprimido as vontades e perdido a oportunidade de ser felizes quando tinham chance.

O que essas pessoas não compreendem é que elas avaliam o ocorrido sob uma óptica atual. Na ocasião, não tinham essa visão. Obviamente, se tivessem, não agiriam daquela maneira. O que elas precisam compreender é que, na ocasião, fizeram aquilo que tinham de melhor, e as decisões tomadas foram de acordo com o que sabiam.

Portanto, não podemos julgar nossas atitudes passadas com base nas condições presentes, pois hoje temos um entendimento maior e uma visão global dos processos. Isso nos faculta maior chance para o sucesso nas próximas ações.

Não devemos nos deixar ser consumidos pelo arrependimento, pois ele mina o vigor necessário para conquistar aquilo que almejamos na vida.

FIBROMIALGIA
*Arrependimento pela omissão
ou pela dedicação excessiva aos outros.*

O termo fibromialgia significa dores nos músculos, afetando também os ligamentos e tendões. Outra definição é síndrome dolorosa crônica. Essa doença acomete principalmente as mulheres entre 30 e 50 anos. O diagnóstico é difícil em razão de suas características específicas. Até o momento, a síndrome de fibromialgia não aparece nos exames laboratoriais, por isso o diagnóstico depende principalmente das queixas ou das sensações corporais que a pessoa relata ao médico.

Os principais sintomas associados à fibromialgia são dor difusa e generalizada pelo corpo, presença de onze a dezoito pontos dolorosos, fadiga, rigidez matutina, alterações do sono. Para ser caracterizados como fibromialgia, esses sintomas devem estar ocorrendo nos últimos três meses.

Por se tratar de um processo de dores musculares, o padrão metafísico equivale ao descrito no item anterior, mas numa intensidade muito maior do que aquela apresentada nas dores musculares.

Na fibromialgia, a pessoa sente-se extremamente arrependida por ter sido omissa nas situações passadas, vítima da falta de apoio e de consideração dos outros. Foi displicente com as necessidades próprias para atender às solicitações alheias; arrepende-se por ter feito para os outros aquilo que deveria ter feito para si mesma. Encontra-se angustiada por não ter tomado as medidas cabíveis que mudariam todo o curso de sua vida. Esses sentimentos corroem a pessoa, comprometendo a capacidade de atuar na realidade presente e impedindo-a de alterar os acontecimentos desagradáveis.

Ela imagina que, se tivesse agido de outra maneira, as coisas não estariam tão confusas. No passado houve muitas chances, mas ela não contava com o incentivo daqueles que estavam à sua volta. Por isso não assumiu uma conduta diferente, fazendo o que era necessário naquela época. Sem apoio, não teve força para agir. Hoje não se conforma por ter se omitido tanto e ter delegado poder a quem não fez jus à confiança depositada nela.

O que essas pessoas precisam compreender é que não tinham firmeza suficiente para encarar uma situação e atuar nela sozinhas, pois não contavam com a colaboração dos outros. Não eram independentes nem determinadas para ousar proceder de maneira contrária àquilo que era estabelecido no meio em que viviam.

Tinham também as crenças que foram incutidas pela sociedade, dificultando ainda mais suas ações. Por causa delas, sentiam-se culpadas quando tinham de desagradar alguém ou não podiam atender aos caprichos dos outros.

A atitude de se autocondenar com as cobranças é tomada porque a pessoa não leva em consideração seus próprios limites daquela ocasião, pois ela não era madura o suficiente para um confronto com algo tão radicalizado na realidade ou com alguém de grande expressão no ambiente.

O constrangimento absorve aquele que não se dá força nem cultiva o autoapoio. Mas isso é conquistado com o tempo, faz parte do processo de amadurecimento, que soma experiências, elevando a autoestima, despertando o amor--próprio e fortalecendo a segurança, até que finalmente a pessoa está apta a tomar as rédeas da própria vida.

Assim que começa a agir e promover muitas mudanças, experimenta a agradável sensação do poder sobre o próprio destino. Nesse momento começam a surgir alguns pensamentos torturantes, como: "Por que só agora?", "Quanto tempo perdido!", "Como fui ingênua em ter acreditado nos outros a ponto de delegar a eles o poder de me fazer feliz!"

Essas atitudes, em vez de fortalecer a pessoa e beneficiar sua nova condição de vida, ao contrário, enfraquecem-na. Esses pensamentos vão minando as forças de atuação no presente, dificultando recuperar tudo que foi perdido e impedindo a conquista de resultados promissores na vida profissional ou afetiva.

Esse estado interior se intensifica a ponto de se tornar uma condição dolorosa, desencadeando o processo somático em forma de fibromialgia. Consciente de sua realidade, é preciso ser madura o suficiente para não se deixar consumir pelos fracassos nem pelos sentimentos de derrota. Também não se deve apoiar na doença para justificar a dificuldade de atuar nas situações ao redor. Mais do que nunca, a pessoa precisa de disposição e muita energia para reverter as coisas ruins da realidade e criar novas oportunidades.

Lembre-se: tudo ocorre no momento oportuno; nunca é tarde para agir e mudar o curso de nossa existência. Para conquistar aquilo que almejamos, precisamos ter disposição para agir, vivacidade para estabelecer vínculos que venham a se somar aos nossos propósitos e, principalmente, sustentação interior para consolidar nossas conquistas na vida.

Antes éramos entusiasmados com tudo, mas não tínhamos maturidade para agir com coerência nem vivacidade suficiente para nos esquivar de certas coisas que atrapalhavam nosso progresso.

Alcançar prematuramente os objetivos antes de ter um aprimoramento interior, necessário para manter aquilo que foi conquistado, pode ocasionar seguidas perdas. Mais importante do que conquistar algo na vida é mantê-lo, estendendo aquilo por longos períodos, perpetuando algo de bom, como a felicidade ou até algum bem material.

Acredite: você nunca esteve tão preparado para o sucesso como agora. Inicie uma nova trajetória, manifestando seu potencial. Revele na realidade os potenciais latentes em sua alma. Dessa maneira você não se fere, mas fortalece seu interior, aprimorando a capacidade realizadora e criando condições para se tornar uma pessoa realizada e feliz.

Há certas atitudes que são extremamente importantes para ser praticadas, como fazer aquilo que gosta e o que realmente dá prazer. Mesmo sendo pequenos gestos, já representam significativos passos para se obter a satisfação pessoal na vida.

CÃIBRA
Tensão e medo de não dar certo o que está fazendo.

É um espasmo muscular doloroso que na maioria das vezes ocorre nas pernas, mas também pode afetar outras partes do corpo. A cãibra ocorre subitamente, às vezes até mesmo durante o sono.

No âmbito metafísico, refere-se à maneira agitada e conflituosa de executar as atividades. Em vez de a pessoa deixar fluir livremente seus potenciais, ela contém sua força de ação. Agindo sob tensão e medo, compromete a eficiência e determinação com que executou as tarefas em outras ocasiões de sua vida.

A tensão para fazer algo surge quando a pessoa não acredita que pode ser bem-sucedida naquilo que faz. Quer atuar com o máximo de eficiência, ficando em constante alerta para evitar qualquer deslize. Nesse estado, surge também o medo, que é uma condição muito presente nos casos de cãibra.

O medo de não fazer as coisas dar certo torna-se uma espécie de fantasma que atemoriza a pessoa durante a execução de suas tarefas. Ela não está conseguindo desempenhar harmoniosamente suas funções. Desgasta-se em excesso pelas expectativas depositadas nos resultados de suas ações. Ao mesmo tempo em que está agindo, fica imaginando a conclusão. A derrota ou os insucessos causariam um impacto negativo em sua imagem; por causa de sua vaidade, teme esses resultados desastrosos na vida pessoal ou na carreira profissional. Isso dificulta a atuação na realidade e consequentemente compromete os resultados, diminuindo as chances de sucesso.

Enquanto as pessoas não recuperarem a confiança em si mesmas e se desprenderem das opiniões dos outros, não vão amenizar a tensão nem vencer seus medos.

Para alterar o padrão metafísico da cãibra, reflita: por que você insiste em apegar-se às possibilidades negativas, quando pode ficar com as conjecturas favoráveis acerca de uma situação? Obviamente, nenhuma suposição substitui a necessidade de atuar diretamente nas situações; mas, já que normalmente se fazem conjecturas, por que não optar por aquelas que são promissoras? Elas, além de servir de estímulo, amenizam as tensões e resgatam a confiança, fortalecendo a segurança.

TORCICOLO

Inflexibilidade para lidar com os eventos exteriores.

Contração espasmódica dos músculos do pescoço, provocando nele uma inclinação que faz a cabeça ficar numa posição indevida.

No âmbito metafísico, o torcicolo refere-se à dificuldade de a pessoa interagir com as situações à sua volta, quer seja no trabalho, quer seja na relação com alguém querido.

A harmonia interior encontra-se comprometida por algum acontecimento ruim ou mesmo pela possibilidade de algo não ser bom. O medo de que algo interfira no bem-estar gera inquietação e tensão, deixando a pessoa intrigada com as suposições negativas.

Essas suspeitas de que algo possa interferir em sua vida, causando prejuízos à sua estabilidade, são fruto da crença de que a pessoa não merece ser feliz e plenamente realizada. Ela fica com a impressão de que alguma coisa pode dar errado, desestabilizando a harmonia familiar, profissional ou financeira.

Outra condição que metafisicamente pode desencadear uma crise de torcicolo é o fato de a pessoa assumir responsabilidades excessivas, querer tomar conta de tudo e não saber respeitar seus limites. Ela não abre mão de incumbências exageradas, que ultrapassam sua capacidade de realização.

Não consegue expor aos outros a medida de quanto está incomodada ou saturada. Sobrecarrega-se de incumbências, porque não sabe dividir tarefas ou expor seus receios com aqueles que vivem ao redor ou trabalham a seu lado.

É importante ser mais flexível com as situações ao redor, não ficar bitolado em algo nem insistir numa diretriz, conjecturar possibilidades outras além daquelas que já foram definidas para sua vida, buscar alternativas para solucionar as situações inusitadas. Desse modo você não apenas evita o torcicolo, como também alivia o estresse e consegue melhorar o desempenho no trabalho, bem como desfrutar mais da vida familiar e afetiva, alcançando um dos principais objetivos de todos nós: ser feliz sem sofrer.

TENDINITE
*Irritação ou autocobrança
na hora de executar as tarefas.*

A tendinite é uma inflamação dos tendões, que são cordões formados por tecidos altamente resistentes que fixam um músculo a um osso. A tendinite ocorre geralmente nos membros superiores. Até há pouco tempo era conhecida como lesão por esforço repetitivo (LER).

Metafisicamente, a tendinite expressa no corpo uma maneira conturbada de executar as atividades. A pessoa quer ser extremamente rápida para concluir seus afazeres. Com isso, atropela uma série de outras atividades de menor importância ou rotineiras mas que são indispensáveis. Dar as costas ao que precisa ser feito, mesmo não sendo urgente, é uma atitude displicente. Isso acumula atividades que vão exercer certa pressão durante o tempo que a pessoa estiver se dedicando a seu principal objetivo.

Também o ritmo estabelecido para executar as atividades é praticamente impossível de ser cumprido. Quando faz um planejamento, a pessoa não prevê nenhum inconveniente que possa absorver sua atenção, ocasionando eventuais atrasos. Muito da sobrecarga é causado por falta de planejamento, inflexibilidade para administrar os imprevistos e também pela resistência em admitir e integrar-se à realidade dos fatos. A seu tempo, tudo poderá ser realizado sem que a pessoa se estresse demasiadamente.

A pessoa quer ser eficiente para agradar aos outros e provar a eles que é competente, para assim ser valorizada e respeitada.

A tendinite afeta as pessoas que são eficientes e realizam suas tarefas com grande precisão mas não se valorizam nem reconhecem seu potencial. Por isso, buscam obter o respeito e a consideração dos outros por meio de suas obras. Em virtude da baixa autoestima, dão mais importância aos resultados concretos de suas ações do que à satisfação de estarem realizando aquilo que gostam.

Para algumas pessoas, depender da avaliação dos outros é algo que incentiva o capricho e promove o aprimoramento, pois elas vão procurar fazer o melhor possível. Com isso, aperfeiçoam-se, desenvolvendo a arte de fazer bem-feito. No entanto, para aqueles que já são eficientes e bons realizadores, isso interfere negativamente na execução das tarefas. O principal prejuízo, nesse caso, é quanto à própria satisfação na hora de desempenhar as atividades, já que sua obra será sempre boa, como tudo que faz, que costuma ser bem-feito.

A pessoa afetada pela tendinite parece esquecer-se momentaneamente de que as atividades que desempenha são aquilo que escolheu fazer na vida, portanto deveriam representar uma das principais fontes de satisfação e realização pessoal na vida. Deixar de apreciar aquelas tarefas preferidas é um estado decorrente da maneira conturbada com que a pessoa se manifesta na execução de suas funções. Mesmo fazendo o que ela gosta, perde a qualidade de realizar com prazer suas funções.

Não sabe lidar com prazos para entrega de trabalhos; sente-se pressionada, afetando o desempenho; vive se cobrando e, não raro, pune-se pela ineficiência no trabalho quando não cumpre com o previsto dentro de uma atividade. Quer fazer mais do que é possível em um determinado espaço de tempo, ocasionando muita tensão e estresse no exercício de suas funções.

A tendinite também poderá ser decorrente da execução de tarefas que a pessoa não suporta mas precisa realizar. Nesse caso, suas ações passam a ser automáticas, ficando irritada, o que abala a harmonia interior. Não faz o que gosta ou deixa de gostar daquilo que sempre curtiu fazer, transformando em obrigação o que sempre foi motivo de satisfação.

Aprenda a dar o melhor de si, tanto nas atividades preferidas quanto nas incumbências desagradáveis. Seja qual for a tarefa que você estiver realizando, tudo é uma oportunidade de contribuir para o meio, bem como aperfeiçoar-se na arte de manifestar-se na vida.

Caso a tensão e o desespero invadam seu "coração" enquanto estiver praticando suas ações, procure não perder a confiança na sequência natural dos fatos. Acredite: a vida possibilita condições para realizar aquilo a que você se propôs fazer para alcançar seus objetivos.

Busque a cada instante satisfazer-se pelas ações que você estiver praticando, sem precipitar o andamento do processo antecipando os resultados almejados. Tudo que fizer poderá ser bem apreciado, desde que você encontre uma forma agradável de realizar suas incumbências.

Qualquer ação poderá reverter em benefícios para o meio, se for praticada com dedicação. Tudo aquilo que for realizado por você contribui para seu próprio aprimoramento interior. Não se recuse a interagir com a realidade, contribuindo de alguma forma para o bem comum.

MÚSCULOS DA FACE

Como você se sente perante os outros.

Uma simples expressão facial é resultante da atividade de diversos músculos do rosto. Quando eles se contraem, movem a pele e não uma articulação, como acontece com os músculos esqueléticos.

Segundo recentes estudos de embriologistas franceses, os músculos faciais têm em sua linhagem o mesmo folheto embrionário que dá origem ao tecido nervoso. É por isso que a fisionomia é tão expressiva no ser humano, estampando no rosto o estado interior. Os músculos faciais expressam uma ampla variedade de emoções, incluindo demonstrar surpresa, medo, alegria, etc.

Metafisicamente, os músculos da face referem-se à força de expressão e à autoimagem. Eles representam uma espécie de "cartão de visitas" ou de "visor" de nosso eu consciente, evidenciando-nos para aqueles que presenciam nossa manifestação no ambiente.

O semblante estampa aquilo que sentimos, transferindo para as pessoas que nos cercam nossos mais íntimos desejos. É uma linguagem não verbal, que transmite os estados emocionais que cultivamos interiormente.

A autoaceitação e a boa autoestima fazem com que tenhamos bom desembaraço perante os outros. Quando nos damos o direito de expor-nos, sem medo de revelar as próprias dificuldades, não precisamos mascarar. Conseguimos ser autênticos sem agredir os outros nem reprimir os próprios impulsos. Essa atitude é saudável aos músculos da face, proporcionando, além de semblante agradável, boas condições faciais.

Um aspecto interessante da leitura metafísica dessa região do corpo é o rubor facial.

RUBOR FACIAL

Temer ser reprovado pelos outros.

Quando a pessoa fica vermelha diante de certas situações, principalmente expondo-se em público, no âmbito metafísico demonstra que dá muita importância ao que vão pensar a seu respeito.

Por isso, quando está em evidência, fica transfigurada, pois está sujeita à reprovação dos outros. O destaque representa uma espécie de ameaça à sua integridade pessoal. É como se estivesse a mercê do julgamento daqueles que estão à sua volta.

A opinião que poderão fazer a seu respeito é algo importante na formação da autoimagem. Pode-se dizer que a avaliação dos outros é soberana para a autodefinição. Isso é comum para a maioria de nós, porém muito mais para aqueles que apresentam rubor facial, porque eles são dependentes da aprovação dos outros. Todas as vezes que estiverem em evidência, ficarão extremamente tensos, ansiosos e com medo de ser rejeitados.

Essas pessoas não podem esquecer que muitas vezes o que os outros veem nelas não passa de projeções dos conflitos que eles apresentam na vida. Portanto, mesmo sendo majestosas naquilo que expõem, isso não será suficiente para agradar a todos.

Não há como impedir as críticas, reprovações e o desrespeito dos outros com você. Mas há como evitar que isso interfira em sua avaliação própria e distorça sua imagem. Em qualquer circunstância, seja o que você é, sem dar tanta importância ao que dizem a seu respeito.

Pode ser que ninguém reconheça seus potenciais; isso não

é pior que você próprio negá-los. Visto que cada pessoa vê no outro aquilo que existe nela mesma, aqueles que não estão bem interiormente exaltarão as falhas e criticarão as dificuldades alheias. Já as pessoas felizes e bem-sucedidas irão enaltecer e valorizar os gestos positivos praticados pelos outros.

Raramente você será observado por alguém bem resolvido, que irá valorizá-lo; em geral as pessoas frustradas são as que o vão criticar. É preciso estar imune a essas colocações, que denigrem sua imagem e não acrescentam positivamente nada de construtivo.

Procure não se basear nas opiniões alheias para considerar o valor daquilo que você manifesta na vida. Seja seu próprio referencial; avalie-se por aquilo que você foi capaz de fazer e não pelo que os outros dizem a seu respeito. Ninguém consegue agradar a todos. Atenha-se a fazer aquilo que cabe a você, pois esse é seu compromisso consigo mesmo. Faça sua parte da melhor maneira possível, que isso será suficiente para sua satisfação pessoal.

MUSCULATURA LISA
Conduzir os acontecimentos sem esmorecer.

O tecido muscular liso não está sujeito ao controle voluntário; seus movimentos independem da vontade consciente. Ele reveste as paredes das artérias e alguns órgãos internos, principalmente as vísceras ocas, como o estômago, intestinos, etc. As células contraem-se automaticamente, proporcionando movimentos lentos e ritmados dos órgãos internos.

No âmbito metafísico, essa musculatura se refere à força de vontade, que é necessária para manter o ânimo e a disposição — com os quais realizamos aquilo que almejamos —, a firmeza e determinação para nos mantermos em relação aos desafios, bem como, ainda, o não esmorecimento perante os obstáculos da vida.

A vitória é uma consequência do processo existencial. Se não a alcançarmos de início, é preciso permanecer com a mesma determinação, estendendo-a durante todo o desenrolar dos fatos. Ou seja: a persistência é um importante ingrediente para o sucesso. Aqueles que não se deixam abater pelos tropeços e insistem em seu propósito de vida são os que conquistam os melhores resultados.

Na vida existem os desafios e os obstáculos, que exigem empenho para superá-los. Muitas vezes eles são interpretados como problemas. A maneira conflituosa de encarar os acontecimentos ruins é que os torna ainda mais turbulentos, quando na verdade são eventos que provam nossa determinação e exigem que sejamos eficientes e determinados a vencê-los.

Em suma, pode-se dizer que, em meio às situações de crise, não desanimar e manter-se firme no propósito já é uma atitude vitoriosa. Quem sobrevive nos momentos de crise, no setor em que atua, alcançará grande crescimento quando passar a fase ruim dos negócios, porque nesse período fortaleceu suas bases.

PERISTALTISMO

Acatar os fatos e não se abalar com eles.

Peristaltismo é a realização dos movimentos peristálticos nos tubos digestivos, proporcionando o deslocamento do bolo alimentar pelo interior do trato digestivo, possibilitando a atividade gastrintestinal.

Metafisicamente os conteúdos alimentares ingeridos na alimentação relacionam-se aos fatos com que deparamos na vida.* A maneira como os encaramos e lidamos com eles interfere diretamente no processo digestivo, em especial nos movimentos peristálticos.

A atitude da pessoa diante das situações à sua volta rege as funções peristálticas. Aqueles que encaram de frente os acontecimentos, buscando uma maneira de aproveitar a experiência da vida ou resolver as pendências, tornam-se bem--sucedidos no meio em que vivem. Esses não se contentaram com o pouco que tinham e foram em busca de melhores condições. Desse modo, manter uma atitude firme e ser uma pessoa atuante na realidade é imprescindível para conquistar o bem-estar emocional e a harmonia no ambiente.

Quem se recusa a aceitar sua própria realidade não consegue transformá-la e, ainda, poderá comprometer o funcionamento gastrintestinal.

É importante não se deixar abater pelos imprevistos ou por algumas contrariedades. Precisamos ser maduros o suficiente para encarar os mais diversos desafios e obstáculos. As soluções estão nessa atitude de enfrentar e não naquela que desvia nosso foco de atenção, fugindo para outras situações e perdendo a chance de diluir a problemática com atuações precisas na realidade em que vivemos.

---

*Esse tema foi tratado no *volume 1* desta série (capítulo *Sistema Digestivo*).

CONSIDERAÇÕES FINAIS

O corpo é uma máquina extraordinária, regida pelos sentimentos. Ele representa uma espécie de veículo da manifestação das qualidades inerentes ao ser. Avaliar suas condições físicas representa uma porta para desvendar as faculdades interiores. O principal objetivo deste estudo é desvendar os potenciais do ser através do próprio organismo.

Por exemplo, ao longo do capítulo sobre sistema muscular foram consideradas a capacidade realizadora e a condição de atuar na realidade em que vivemos, conquistando aquilo que almejamos e alcançando uma vida melhor.

Nossa força de atuação é manifestada no cotidiano por meio da mobilização dos recursos internos, para executar algo no meio externo.

Às vezes deparamos com algo que nos encanta — um produto de consumo ou um bem que nos fascina — mas não dispomos de condições de adquiri-lo naquele momento. Para conquistar esse intento é necessário sentir que aquilo é tão nosso, que em seu devido tempo estará em nosso poder. Antes de conquistar, é preciso acreditar que somos merecedores e suficientemente capazes de alcançar aquilo que objetivamos. Feito isso, é só atuar na realidade, executando as tarefas, pois é por meio do trabalho que advêm as conquistas materiais.

Encarar os afazeres como possibilidades de melhorar as condições de vida e de realização pessoal fará com que sejamos mais criativos. Passamos a ter ideias que proporcionarão mais condições de trabalho, ampliando os horizontes de atuação profissional. Isso possibilitará adquirir aquilo que um dia nos seduziu, vindo a se tornar parte de nossa realidade material.

Com empenho e dedicação, tornamos nossos sonhos uma realidade. *Tudo é possível de ser alcançado por aquele que se dedica, fazendo o melhor que pode.*

O progresso material também reflete a grandiosidade da alma, manifestando na sociedade os atributos de um ser espiritual, como a criatividade para inovar, a motivação para executar as tarefas e um sentimento próspero, que gera pensamentos promissores e também atrai oportunidades. Ao nos empenharmos bem no trabalho que executamos, usufruímos do melhor que a vida tem a nos oferecer. Por isso, não fique preso aos resultados de sua atuação; permaneça atento às atividades presentes, que é disso que iremos extrair os resultados promissores.

Para manter uma boa qualidade de vida, não devemos, porém, ser escravos das conquistas, tampouco dependentes dos bons resultados, pois isso comprometeria a paz interior e quebraria a harmonia com o meio exterior.

Nunca houve tantos recursos tecnológicos que facilitassem a vida do homem, proporcionando conforto e comodidade. Mesmo assim, a queixa de muitos é que não se consegue viver satisfatoriamente, tendo boa qualidade de vida.

Essa necessidade parece até incoerente em se tratando dos tempos modernos, quando existe uma infinidade de produtos e entretenimentos desenvolvidos especialmente para essa finalidade. No entanto, eles não proporcionam aquilo que somente nós podemos desenvolver, que é uma boa condição interna.

Nada que venha do meio externo é suficiente para determinar aquilo que sentimos. Um estado interior bom é cultivado por pensamentos agradáveis e crenças favoráveis ao bem viver, jamais crendo que a vida é repleta de sofrimento. É preciso proceder no meio mantendo o respeito próprio e a harmonia com as pessoas que nos cercam.

Somente quando estivermos bem interiormente iremos apreciar as boas coisas que a vida nos proporciona. A instabilidade interior reflete negativamente na manifestação de nossos conteúdos no ambiente. A atuação fica deficitária, comprometendo o desenrolar dos fatos. Isso também nos impede de conquistar as boas condições de vida.

BIBLIOGRAFIA

ANDERSON, W.A.D. *Sinopse de Patologia*. 8ª ed., Rio de Janeiro, Cultura Médica, 1976.

BAKER, Douglas. *Anatomia Esotérica*. São Paulo, Mercuryo, 1993.

BERKOW, Robert. *Manual Merck de Medicina*. 15ª ed., São Paulo, Roca, 1987.

DETHLEFSEN, Thorwald. *A doença como Caminho*. 12ª ed., São Paulo, Pensamento, 1997.

FADIMAN, James. *Teorias da Personalidade*. São Paulo, Harbra, 1979.

GARDNER, Ernest. *Anatomia*. 2ª ed., Rio de Janeiro, Guanabara Koogan, 1967.

GOTH, Andres. *Farmacologia Médica*. 6ª ed., Rio de Janeiro, Guanabara Koogan, 1975.

HAY, Louise L. *Você Pode Curar Sua Vida*. 12ª ed., São Paulo, Best Seller.

KOLB, Lawrence C. *Psiquiatria Clínica*. 9ª ed., Rio de Janeiro, Interamericana, 1977.

KRECH, David. *Elementos de Psicologia*. Vol. I, 6ª ed., São Paulo, Pioneira, 1980.

LOSSOW, Francone. *Anatomia e Fisiologia Humana*. 4ª ed., Rio de Janeiro, Interamericana, 1980.

MORGAN, Clifford T. *Psicologia Fisiológica*. São Paulo, EPU, 1973.

PERLS, Frederick S. *Gestalt-Terapia Explicada*. 2ª ed., São Paulo, Summus, 1977.

ROBBINS, Stanley L. *Patologia*. 2ª ed., Rio de Janeiro, Guanabara Koogan, 1969.

SMITH, Henry C. *Desenvolvimento da Personalidade*. São Paulo, McGraw, 1977.

TORTORA, Gerard J. *Corpo Humano: Fundamentos de Anatomia e Fisiologia*. 4ª ed., Porto Alegre, Artmed Editora, 2000.

TEMAS ABORDADOS NO VOLUME 1

VOCÊ É A CAUSA DE TUDO
Mente sem limite • Você não tem começo nem fim • Mente, aparelho realizador • Conteúdos da mente • Registros subconscientes • Integridade do ser • Metafísica e hereditariedade • Consciência e responsabilidade • Doença

SISTEMA RESPIRATÓRIO
Fossas Nasais • Gripe ou Resfriado • Rinite • Sinusite • Laringe • Engasgo • Voz • Disfunções da Fala • Gagueira • Calos nas Cordas Vocais • Laringite • Brônquios • Bronquite • Asma Brônquica • Pulmões • Efisema Pulmonar • Edema Pulmonar • Pneumonia • Tuberculose • Tosse • Espirro • Bocejo • Ronco • Soluço

SISTEMA DIGESTIVO
Náusea e Vômito • Dentes • Cárie Dentária • Gengiva • Gengivite • Língua • Afta • Mau Hálito • Estomatite • Glândulas Salivares • Síndrome de Sjögren (SS) • Caxumba • Faringe • Faringite • Esôfago • Esofagite • Hérnia de Hiato • Digestão • Estômago • Suco Gástrico • Gastrite • Úlcera • Fígado • Hepatite • Vesícula Biliar • Pâncreas • Depressão no Pâncreas • Pancreatite • Diabetes • Hipoglicemia • Intestino Delgado • Síndrome de Má Absorção • Diarréia • Intestino Grosso • Intestino Preso • Prisão de Ventre • Apêndice • Apendicite • Diverticulite • Colite • Vermes • Hemorróida

TEMAS ABORDADOS NO VOLUME II

SISTEMA CIRCULATÓRIO E SANGÜÍNEO
Vasos Sanguíneos (Artérias, Veias e Colesterol) • Aneurisma • Arteriosclerose • Varizes • Trombose • Flebite • Coração • Problemas Cardíacos • Taquicardia • Angina • Infarto • Pressão arterial • Pressão alta • Pressão baixa • Sangue • Tipos Sanguíneos "A", "B", "O" e "AB" • Anemia • Coagulação Sanguínea • Hemorragia • Leucemia

SISTEMA URINÁRIO
Rins • Problemas Renais • Cálculos Renais • Cólica Renal • Bexiga • Enurese Noturna • Incontinência Urinária • Problemas na Bexiga • Cistite • Uretrite

SISTEMA REPRODUTOR
Sistema Reprodutor Feminino • Frigidez • Ovários • Síndrome de Ovário Policístico • Cistos de Ovário • Tubas Uterinas • Laqueadura • Infertilidade ou Esterilidade • Útero • Problemas no Útero (Miomas e Fibromas) • Menstruação • Problemas Menstruais • Amenorreia • Menopausa • Vagina • Vaginismo (Ressecamento Vaginal) • Corrimento Vaginal (Leucorréia) • Mamas (Glândulas Mamárias) • Flacidez das Mamas • Coceira nas Mamas • Amamentação • Mastite • Nódulos Mamários

SISTEMA REPRODUTOR MASCULINO
Testículos • Próstata • Problemas na Próstata • Pênis • Disfunção Erétil (Impotência)

RELAÇÃO DE TEMAS PARA
O PRÓXIMO VOLUME*

SISTEMA NERVOSO
Sistema Nervoso Central • Sinapse • Encéfalo • Cérebro • Córtex Cerebral • Cerebelo • Tálamo • Meningite • Tumor na Cabeça • Medula Espinhal (Coluna) • Problemas de Coluna • Sistema Nervoso Periférico • Terminações Nervosas • Nervo Ciático • Cacoete • Nevralgia • Sistema Nervoso Autônomo, Simpático e Parassimpático

SISTEMA ARTICULAR
Diversas Articulações do Corpo • Artrite • Artrose • Gota

SISTEMA ÓSSEO
Esqueleto • Costelas • Fratura Óssea • Osteoporose

SISTEMA LINFÁTICO (Imunológico)
Timo • Baço • Alergia • Imunidade

*Obs.: *Essas indicações de temas estarão sujeitas a alterações, durante o desenrolar das pesquisas.*

GRANDES SUCESSOS DE
ZIBIA GASPARETTO

Com 19 milhões de títulos vendidos, a autora
tem contribuído para o fortalecimento da literatura
espiritualista no mercado editorial e para a popularização da
espiritualidade. Conheça os sucessos da escritora.

Romances
pelo espírito Lucius

A força da vida

A verdade de cada um

A vida sabe o que faz

Ela confiou na vida

Entre o amor e a guerra

Esmeralda

Espinhos do tempo

Laços eternos

Nada é por acaso

Ninguém é de ninguém

O advogado de Deus

O amanhã a Deus pertence

O amor venceu

O encontro inesperado

O fio do destino

O poder da escolha

O matuto

O morro das ilusões

Onde está Teresa?

Pelas portas do coração

Quando a vida escolhe

Quando chega a hora

Quando é preciso voltar

Se abrindo pra vida

Sem medo de viver

Só o amor consegue

Somos todos inocentes

Tudo tem seu preço

Tudo valeu a pena

Um amor de verdade

Vencendo o passado

Crônicas

A hora é agora!

Bate-papo com o Além

Contos do dia a dia

Conversando Contigo!

Pare de sofrer

Pedaços do cotidiano

O mundo em que eu vivo

Voltas que a vida dá

Você sempre ganha!

Coletânea

Eu comigo!

Recados de Zibia Gasparetto

Reflexões diárias

Desenvolvimento pessoal

Em busca de respostas

Grandes frases

O poder da vida

Vá em frente!

Fatos e estudos

Eles continuam entre nós vol. 1

Eles continuam entre nós vol. 2

COLEÇÃO
METAFÍSICA DA SAÚDE

Luiz Gasparetto e **Valcapelli** desvendam as causas de muitos males. Os cinco volumes da coleção explicam de forma direta e clara como funciona o corpo humano.

Acredito que é hora de pararmos para nos perguntar por que um organismo que sempre foi capaz de se adaptar e se defender, preservando a saúde, fica doente de uma hora para outra. Ou, ainda, por que desenvolvemos um tipo de doença em um certo local do corpo e não em outro?

A Metafísica moderna tem investigado e encontrado dramáticas e surpreendentes leis que nos revelam como funcionamos.

Esta coleção traz até você uma nova visão de vida e ensina a compreender os sinais de seu corpo muito antes que a doença chegue.

Luiz Gasparetto

Estes e outros sucessos, você encontra nas livrarias e em nossa loja:

www.vidaeconsciencia.com.br/lojavirtual

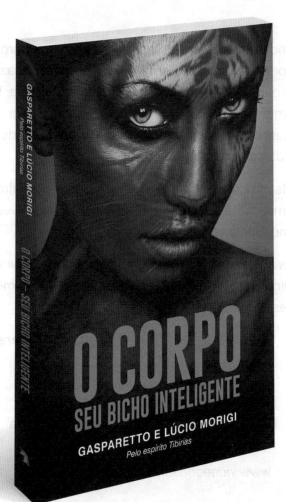

O CORPO
SEU BICHO INTELIGENTE

GASPARETTO E LÚCIO MORIGI

Pelo espírito Tibirias

Nosso corpo é uma estrutura complexa, que mostra uma inteligência extraordinária — separada da nossa inteligência mental — e que é capaz de nos manter vivos.

Eu o chamo de bicho porque ele age exatamente como um animal que precisa ser dominado, disciplinado e educado para que trabalhe a nosso favor.

Compreender como o corpo atua é colocar à nossa disposição seus talentos e poderes, fazendo de nós pessoas mais preparadas para conquistar o que mais queremos nesta vida.

O mundo quer nos separar da companhia dele, fazendo-nos fracos, racionalistas, separados de nossos instintos e da capacidade que ele tem de criar nosso destino.

Este livro quer apenas ajudar você a ser uma pessoa mais completa, saudável e poderosa, dominando os dons que a natureza lhe deu.

O poder da vida

Ao longo de minha vida, tive contato com muitas pessoas e, consequentemente, com muitas histórias, que vinham até mim por meio de cartas, *e-mails*, ligações telefônicas realizadas para meu extinto programa na Rádio Mundial e por meio de conversas informais. A cada história com que tinha contato, a cada pergunta que me era feita sobre os mistérios que cercam nossa existência, tive a oportunidade de refletir sobre essa experiência poderosa que é viver. A cada resposta que encontrava para as questões que eram feitas a mim, eu também encontrava respostas para minhas perguntas, e nessa troca com o outro aprendi mais do que ensinei. Tendo isso em mente, decidi dividir com vocês, leitores que me acompanham há tantos anos, algumas lições que me ensinaram a descobrir o verdadeiro poder da vida.

Zibia Gasparetto

Este e outros sucessos, você encontra nas livrarias e em nossa loja:

www.vidaeconsciencia.com.br/lojavirtual

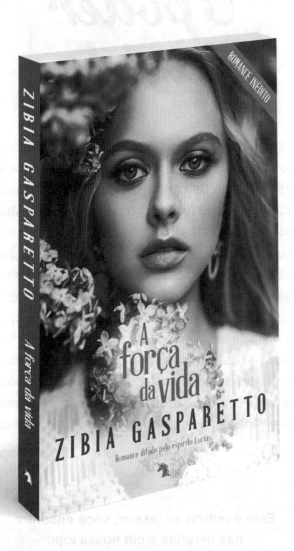

A força da vida

As sábias leis da vida sempre nos colocam diante da verdade, forçando-nos a enxergar nossas fraquezas para que, assim, aprendamos a trabalhar em favor do nosso progresso.

Assim aconteceu com Marlene, uma linda jovem da alta sociedade carioca, que, acostumada a ter todos os seus caprichos atendidos, se deixou levar pela vaidade, atraindo para si situações mal resolvidas do passado e causando dor e arrependimento em todos que a cercavam.

Sempre utilizando o livre-arbítrio, a moça enfrentou os desafios que se interpuseram em seu caminho e aprendeu que cada escolha envolve uma consequência.

Auxiliada pela espiritualidade, Marlene terá de buscar as verdadeiras aspirações do seu espírito para encontrar em si a força da vida.

Este e outros sucessos, você encontra nas livrarias e em nossa loja:

www.vidaeconsciencia.com.br/lojavirtual

ZIBIA GASPARETTO
Eu comigo!

*"Toda forma de arte
é expressão da alma."*

Zibia Gasparetto convida você a mergulhar no seu mundo interior. Deixe os problemas de lado, esqueça o negativismo e libere o estresse do dia a dia. Passeie por entre as figuras, inspire-se com cada mensagem e coloque cor em seu mundo. Use suas tonalidades preferidas, libere o potencial criativo que existe dentro de você.

Eu comigo! é um livro para quem quer fugir da rotina e buscar aquela sensação de paz que a arte pode proporcionar. Inspire sua alma com as frases de Zibia Gasparetto criadas especialmente para você e ricamente ilustradas com desenhos encantadores.

Bem-vindo ao seu mundo interior.

www.vidaeconsciencia.com.br

Rua das Oiticicas, 75 — SP
55 11 2613-4777

contato@vidaeconsciencia.com.br
www.vidaeconsciencia.com.br

APONTE A CÂMERA DO
SEU CELULAR PARA LER
O QR CODE **E VISITE**
NOSSA LOJA VIRTUAL.

APONTE A CÂMERA DO
SEU CELULAR PARA LER
O QR CODE **E VISITE**
O SITE GASPARETTOPLAY